教育実践者のための調査研究入門

リサーチマインドとリサーチデザイン

日本教育カウンセリング学会=編著

図書文化

まえがき
―― リサーチマインドとリサーチデザイン ――

監修者
國分康孝

「教育カウンセラーの大多数は教師である。教師は実践者（practitioner, professional）であって，研究者（researcher, scientist）ではない。ゆえに本学会は学術団体になり難いのではないか」こんな問いがあった。

「そんなことはない。教育カウンセラーは研究者の素養を有する実践者である。すなわち本学会は practitioner-scientist モデルをめざしている」。本学会理事長の私はそう応えたい。

そう応えたい私は，本学会のメンバーは申すまでもなく，まだ学会に参加しておられない教育カウンセラー協会のメンバーにもリサーチ（調査研究）になじんでいただきたいと強く願っている。これが，本書の監修者をつとめる私の心意気である。

リサーチになじむとは，ひとつの姿勢とふたつの能力を身につけることである。本書のねらいはそこにある。

さて，ひとつの姿勢とは，「自分の言動はそれを支える事実，概念，理論をふまえているか。願望や推論だけで話していないか。さらに自分の話し方・書き方には流れ（論理的展開）はあるか。木に竹をついだような思考の飛躍・短絡はないか」と自戒する姿勢（リサーチマインド）のことである。

ふたつの能力とは「学会で発表できる」「学会での人の発表を理解できる」のふたつである。そのためには「リサーチとはどういう手順で進めるものか」というリサーチのハウツーを知る必要がある。その知識に基づいて事前に研究計画書（何のために，何をどのように調査研究するかのロードマップ）をつくる。家の設計図に従って工事を進めるのと同じである。研究の設計図をリサーチデザインという。要するに，リサーチになじむとは「リサーチマインド」という姿勢と「リサーチデザイン」の能力を身につけることである。

そういうわけで本書の表題を「教育実践者のための調査研究入門」とし，そのサブタイトルを「リサーチマインドとリサーチデザイン」として，本書のねらいを明示した。

ところで本書のキーコンセプトは「リサーチ」である。それゆえ本書でいう「リサーチ」とは次の3つの作業の総称であると定義しておきたい。

1　事実の発見　（例　SGEは学級の凝集性を高める）
2　事実の説明・解釈，新しい概念・理論の創造　（例　土居健郎「甘え理論」）
3　方法・プログラムの開発　（例　SGEを生かしたキャリア教育プログラムの開発）

　この定義は量的研究と質的研究，実証研究と文献研究のそれぞれをカバーしている。基礎研究・純粋研究（basic research, pure research）と応用研究・問題解決研究（applied research, operational research）の両方をカバーしているかとの問いに対しては，今回の企画は後者のみに焦点を合わせていると答えたい。教育現場の役に立つ研究を本学会のプリンシプルにしているからである。

　最後に，本書は次の方々の共同作品である。まず編集企画者（河村茂雄，岸俊彦，國分久子，中村道子，諸富祥彦），本学会の広報・研究・編集・総務・事務局それぞれを代表する編集者（会沢信彦，新井邦二郎，池場望，岡田弘，片野智治，冨田久枝），執筆者推薦・紹介に関与した編集協力者（明里康弘，鹿嶋真弓，加勇田修士，河野義章，品田笑子，鈴木由美，長谷川美和子，松崎学，水上和夫，吉田隆江），編集事務（北條博幸），および分担執筆してくださった方々（担当頁に記載）の協働により本書は完成した。

　なお編集・出版について多大のご支援をいただいた図書文化社の村主典英社長と同出版部の東則孝さんには，学会を代表して心から感謝申し上げる次第である。

目次

まえがき 2

第1部 リサーチマインド

第1章 リサーチトピックス ———————————————— 7

- トピック1 学校づくり ———————————————— 8
- トピック2 学級づくり ———————————————— 10
- トピック3 授業研究 ———————————————— 12
- トピック4 生徒指導 ———————————————— 14
- トピック5 個人カウンセリング ———————————— 16
- トピック6 乳幼児教育 ———————————————— 18
- トピック7 キャリア教育 ——————————————— 20
- トピック8 健康・安全教育 —————————————— 22
- トピック9 福祉・医療 ———————————————— 24
- トピック10 特別支援 ———————————————— 26
- トピック11 SGE ———————————————— 28
- トピック12 文献研究 ———————————————— 30

第2章 授業にカウンセリングを生かす研究 ———————— 33

- 総論 授業にカウンセリングを生かす研究とは ———————— 34
- 教科1 カウンセリングを生かした国語科分野の研究 —————— 38
- 教科2 カウンセリングを生かした社会科分野の研究 —————— 40
- 教科3 カウンセリングを生かした理科分野の研究 ——————— 42
- 教科4 カウンセリングを生かした保健・体育科分野の研究 ——— 44
- 教科5 カウンセリングを生かした美術，音楽，技術・家庭科分野の研究 — 46
- 教科6 カウンセリングを生かした外国語分野の研究 —————— 48
- 領域1 カウンセリングを生かした道徳領域の研究 ——————— 50
- 領域2 カウンセリングを生かした特別活動領域の研究 ————— 52
- 領域3 カウンセリングを生かした総合的学習の時間領域での研究 — 54

第3章 リサーチとはどういうものか — 57
- 第1節 リサーチとは — 58
- 第2節 リサーチの手順 — 64
- 第3節 データ収集の方法 — 72
- 第4節 分析の方法 — 84
- 第5節 考　察 — 88
- 第6節 研究の倫理 — 92

第2部　リサーチデザイン

第4章 量的研究のリサーチデザイン — 95
- 第1節 リサーチデザインをしてみよう — 96
- 第2節 測定尺度の作り方・使い方 — 102
- 第3節 記述統計的処理　―リサーチのめざすもの — 106
- 第4節 推計統計的処理 — 110

第5章 質的研究の実際 — 117
- 第1節 なぜ質的研究か — 118
- 第2節 質的研究の方法 — 122

第6章 論文の書き方・読み方 — 135
- 第1節 研究論文と一般論文の書き方の違い — 136
- 第2節 研究論文の中に書き込むこと — 138
- 第3節 文献の書き方 — 142
- 第4節 論文の書き方の上達方法 — 144
- 第5節 論文発表前の自己点検ポイント — 146
- 第6節 論文の読み方 — 150

索　引 — 154

第1部　リサーチマインド

第1章

リサーチトピックス

「なるほどリサーチとはこういうことなんだ」と思ってもらえる実例を挙げ，「これなら自分もできる」という自己効力感を高めるのが本章のねらいである。また「それがなぜよいリサーチといえるのか，どうすればもっとリサーチらしくなるか」のコメントをつける。現場の問題に即したテーマで構成する。

トピック1　学校づくり

保護者のニーズ度をリサーチする―SQSの手法を用いて

I　研究の実際例

1　問題・目的

　よりよい人間関係の形成や思いやりの心の育成といった「徳」に関することを課題の一つに掲げる学校は少なくない。一方，「知」や「体」と違って，「徳」に関しては数値化しにくいことから，取り組む根拠や成果に対する調査研究が進んでいるとはいえない。

　本研究は，知，徳，体それぞれの学校課題について，保護者がどれだけ重要だと感じているか，また，それが十分学校で取り組まれているか否かをリサーチすることで，学校づくりの柱立ての根拠を明確にすることを目的としたものである。

2　方法

(1) 対象：N県北部S小学校の保護者約130名。
(2) 測定具：SQS（1つのアンケート項目に対して「重要度」「達成度」という二つの観点から4件法で回答する調査紙）。
(3) 調査の実施：年度途中と年度末の2回実施。

3　結果・考察

　「重要度」と「達成度」の二つの観点からの回答をマトリクス表（図1）にし，分布を調べた。すると，最優先領域に「思いやり」や「対話」が入った。ここは，重要だが学校の取組が不十分であると判断する領域である。

　このことを根拠に，S小学校では，職員，保護者納得のうえで，「心の教育（サイコエジュケーション）」を学校の柱に据えた。異年齢集団による意図的な活動の拡充や挨拶運動の推進など，学校における重要な取り組みは，SQS他のツールを活用したリサーチの結果（アセスメント）をもとに指導方針をたて，計画的に実施することが望ましいといえる。

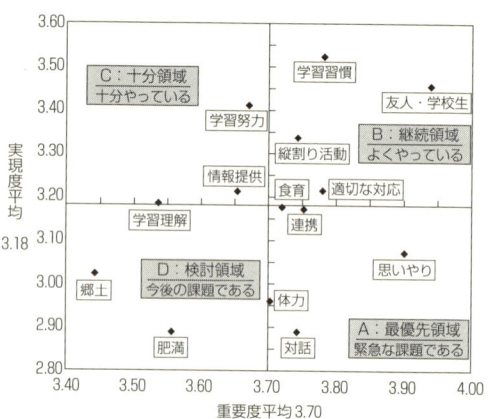

図1　それぞれの平均を元に4分割したマトリクス

　学校づくりにおいて，リサーチは，大きな味方になり，推進の原動力になる。

参考文献　SQS「共有アンケート実施支援システム」©久保裕也　*Shared Questionnaire System Development Project*　慶應義塾大，千葉商科大学
SQSの具体的実践の詳細　http://www.city.murakami.niigata.jp/asahi/sionomachi/index.html

Ⅱ　SQSによる学校評価

　学校評価は学校や教職員をランクづけるものではなく，学校の状況について保護者や地域との共通理解を深め，連携協力して学校運営の改善を図ることが目的である。この考えに基づき文部科学省は平成22年度に「学校評価ガイドライン」改訂版を作成し，自己評価，学校関係者評価，第三者評価の実施と公表について示した。

　吉澤の小学校で実施するアンケートは，学校関係者評価に，SQS（Shared Questionnaire System）を活用したものある。SQSは，慶應義塾大学大学院政策・メディア研究科21世紀COEプログラムが開発した「学校評価支援システム」を母体にしたものである。このシステムでは，アンケートシステムの共有化と調査票の共有化を進めることで，広い地域で長期にわたって客観的な評価をもとにした学校経営の改善を図ることができると考えられる。

Ⅲ　研究へのコメント

（1）共有化された学校評価支援システムの活用

　吉澤のSQSを使ったリサーチは，すべての学校教育の実施について，リサーチすなわち学校評価の結果を生かすというきわめて健全な経営姿勢を現している。校長が法的に義務づけられている教育課程の編成や学校経営計画の作成は，校長個人や学校の教員たちだけの独善的な学校評価のみによってはならない。生徒たち，保護者たち多くの意向を反映したものでありたい。そうすると，学校評価のアンケートは項目数×人数であるので，処理する件数は飛躍的に大きくなる。ここでこの処理について問題が2つ出てくるのである。

　1つは，処理する時間の問題である。SQSのシステムでは，膨大な処理の手間をマークシート法を用いることで解決する。ハードウェアとしてスキャナーを初期投資すれば，毎回の集計作業は大幅に短縮され，本来の教育活動の時間を圧迫することはなくなる。※

（2）マトリックスから課題を発見する

　もう1つは，膨大なデータを誰がどう分析するかである。多くの保護者や地域へわかりやすく課題の発見を伝える必要がある。

　吉澤は，14のアンケート項目を設定した。マトリックス中に示された「友人・学校生活」「学習習慣」「学習理解」などがそれである。この14項目に「重要度」（重要である～重要でない），「実現度」（できている～できていない）という2つの尺度に回答してもらうのである。

　4分割された右下Aの領域は，「重要であるが実現度が低い」項目であり，学校にとって重要課題となる。保護者や地域にとって大変に説得力のあるリサーチ結果になっている。

〔Ⅰ：吉澤克彦，ⅡⅢ：藤川　章〕

注釈　※インターネット上でマークシートをスキャナーで読みとるソフトがある。

第1章 リサーチトピックス

トピック2　学級づくり

学級づくりを推進する生徒参画型グループエンカウンターの研究

I　研究の実際例

1　問題・目的 ── リーダーシップ行動の変化と学級活動の活性化 ──

　学級づくりの基礎となる学級活動では，協力してよりよい生活を築こうとする自主的，実践的な態度の育成が求められている。しかし，子どもたちは集団体験が不足しているため，その自主活動の推進力となるリーダーシップが身についていない現状がある。そこで，リーダー育成を意図的に行い，学級活動を活発にするために，生徒の参画性を高めたエンカウンターを中学校において取り組むことに着目した。ここでは，新たに生徒参画型グループ・エンカウンター（Student Participation Group Encounter；以下 SPGE）と規定して，SPGE プログラムを開発し，プログラムに取り組むことによる生徒のリーダーシップ行動および学級の変容を調べることを目的とする。

2　方法

(1) 被験者：K県公立中学校3校の1学年の学級委員50名（試行群18名，統制群32名）。

(2) 調査法：熊本大学教育学部附属中学校（1996）が作成したPM自己評価表（20項目2因子構成），プログラムを実施した生徒と学級担任への半構造化面接。

(3) 時期：事前調査4月中旬，SPGE プログラム実施4月〜9月，事後調査9月，生徒および担任教師への半構造化面接10月〜11月

3　結果・考察

　生徒の自己評価P得点を分散分析した結果，交互作用が有意であった（$F(1, 48) = 4.140, p < .05$）。自己評価M得点を分散分析した結果，時期の主効果が有意であった（$F(1, 48) = 4.313, p < .05$）。また，交互作用が有意であった（$F(1, 48) = 6.403, p < .05$）。このことから，SPGE プログラムに取り組むことにより，生徒のリーダシップ行動特性であるP（目標達成）行動もM（集団維持）行動も高まることが確認された。さらに，半構造化面接では，プログラムが進むにつれて，学級委員のリーダーシップ行動は，日常生活のさまざまな場面でもみられるようになってきたことが明らかになった。そして，学級委員のリーダーシップ行動特性が高まることにより，他の生徒も模倣してリーダーシップ行動をとるようになり，行事への取り組みやさまざまな学級活動が活性化したこともうかがわれた。これらのことから，SPGE プログラムによるリーダーシップの育成は，対象となる個人だけでなく，ほかの生徒に

参考文献
石井ちかり・犬塚文雄　2008. 3　参画型グループ・エンカウンターが生徒のおよぼす影響に関する一研究　日本特別活動学会紀要, 16, 33-42.
熊本大学教育学部附属中学校　1996　リーダーシップと自己教育力　明治図書

も好影響を及ぼし，集団全体のリーダーシップが向上し，学級活動が活発になることが推察された。

Ⅱ リサーチトピックスの例

　学校教育の場でSGEが行われるようになり，SGE研究のリサーチも多く行われるようになった。SGE研究関連のトピックス例を紹介したい。SGE研究は，諸学会で発表されているが，群を抜いて日本教育カウンセリング学会での発表が多い。その学会研究発表大会の論文集（第6～8回大会）から紹介する。

・片野智治　2008　SGEの体験過程の研究その1～失愛恐怖との関係～（第7回，59-60），2009　その2～グループ成長との関係～（第8回，70-71），2010　その3～全体シェアリングとの関係～（第9回，42-43）……SGEに関して継続して体験の過程の変容に関する研究をしている。失愛恐怖，グループの成長，全体シェアリング等，年によって調査対象が違うが，過程の変容を重視している。

・鈴木　誠　2008　SGEを活用した，まとまりのある学級づくり～Q-Uによる学級分析を通して～（第7回，57-58）……SGEの実践を軸として学級経営を行った研究。その変容をQ-Uの尺度で測定している。SGE効果をQ-Uで測定しているものが多いので参考になる。

・石橋義人　2010　SGEリーダーにおけるエンカウンター・マインドについての基礎的研究（第8回，40-41）……　SGEリーダーに必要な要素を，カウンセリングマインドから分析している。

・伊藤克秀　2010　学生同士が自己肯定感を高めあう試み～主に構成的グループエンカウンター（SGE）の活用を通して～（第8回，48-49）……自己肯定感がどのように変容し，高まっていったかは，数値的には定かではないが，記述からSGEによって自己肯定感が高まったことを分析している。

Ⅲ 研究へのコメント

　(1)　本例は，生徒のリーダーシップに焦点づけた実践的研究である。学校教育関係者にとっては関心のあることであり，特に中学校学級担任には興味深い研究である。(2)　生徒を主体とすることに重点を置いた実践的研究である。(3)　研究方法（対象，測定値，SGEの活用）が明確にされており，数値で比較しやすい。(4)　生徒が主体的に参画したSGEは，リーダーシップ行動に変容があることが証明されている。(5)　長期にわたり学級のリーダーとして取り組む場合，リーダーにはM機能が重要であることが証明されている。

〔Ⅰ：石井ちかり，ⅡⅢ：明里康弘〕

トピック3　授業研究

行動分析を用いた授業改善の試み

I　研究の実際例

1　問題・目的

　本研究は，学校で行われている「授業」を教科の指導という視点ではなく，教師の行動という視点でとらえ改善しようとするものである。授業研究は今までにも多く実施されてきているが，中学校では教科担任制であるため，他教科の教員が意見を言いにくいという風潮がある。本研究では，授業中の教師の2つの行動（a）教師の具体的な指示ではない発言（「今は，前を向いて先生の話をきこう」などではなく「しゃべっているからだめなんだ」など，生徒が何をするのかが明確ではない発言），（b）教師の板書行動（5秒間続けて生徒に背を向け板書する。ただし，消すだけの行動は除く）に視点を置き，その行動を計測し減少させることでよりよい授業づくりを行うことを目的として実施した。

2　方法

　(1) 対　象：本研究の対象は，都内下町に位置する某公立中学校2学年2学級である。複数の教科で生徒が落ち着いて授業を受けることができず，授業が円滑に行えないでいた。

　(2) 方　法：国語と英語で介入前の授業をビデオ撮影し，この映像から抽出した教師の上記(a)(b)の行動の回数を計測した。撮影時間は，授業開始後10分間連続で30秒ずつをインターバルとしてサンプリングした。次に，それぞれの教師にビデオに記録されている(a)(b)の行動について指摘し，(a)(b)それぞれの行動を減らすように介入した。介入の結果を検証するため再度授業中の教師の行動をビデオ撮影し，授業開始6分後から終了5分30秒前までの間を，2分ごとに30秒ずつサンプリングした。ただし，(a)については，30秒間に1回でも具体的ではない発言が生じた場合はカウントし，(b)については，30秒間に5秒間ずっと板書が続いた場合にカウントした。

　(3) 結　果：(a)について，ベースラインでは教師の具体的な指示ではない発言が授業中の教師の発言の約60％を占めていたのに対し，介入後は0％，35％，5％，20％，5％，0％，0％と増減はあるものの回を重ねるに従い0％に近づいた。また，(b)について，ベースラインでは，教師の5秒間続けて生徒に背を向けて板書する行動が板書行動全体の35％であったものが，介入後は，15％，5％，30％，15％，15％，25％，10％とやはり増減があるものの減少した。それに伴い授業中の生徒に落ち着きがみられた。教師の行動に注目した授業改善は教科にかか

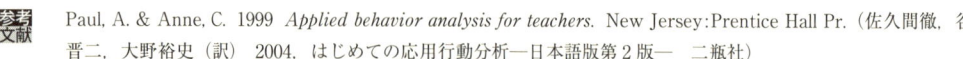
Paul, A. & Anne, C. 1999 *Applied behavior analysis for teachers.* New Jersey:Prentice Hall Pr.（佐久間徹，谷晋二，大野裕史（訳）2004．はじめての応用行動分析—日本語版第2版—　二瓶社）

わらず有効であると考える。しかし，今回は，生徒の変容を数値として計測しておらず，生徒の変容をいかに評価するかが今後の課題である。

II　リサーチトピックスの例

- 授業が崩壊したクラスの実態と原因。
- 授業崩壊の回復の対策と効果。
- 一斉授業と対話の授業との比較。
- 一斉授業における教師の効果的な出方，出る場所。
- 対話のある授業における教師の出方。
- 対話のある授業により，子どものいかなる能力が成長したか？
- （各教科における）対話のある授業の指導案の書き方と実践。
- 学年により対話のある授業はどのように成長するか。
- 対話を育てる仮説実験授業の実践。
- SGEを導入した授業の仕方と効果。
- SGEによる対話のある授業の発展。
- Q-Uを利用した授業の組み立て方。
- Q-Uを利用した授業の実践と効果。
- （各教科における）学力に応じた授業の実践。
- 教科の内容を深める授業の進め方，教師の出方。
- 子どもの連帯（援助・共感）を育てる授業の実践。
- 授業における子どもの自主的な活動の促進と評価。
- 外国の授業と日本の授業の比較。
- 教師の授業を育てる教育システム。

III　研究へのコメント　〜授業研究は教師の命である〜

　この授業研究では，(a)「具体的指示でない発言の回数」と(b)「生徒に背を向けて板書する回数」が「少ない授業がよい授業」であるとの「仮説」で研究を行った。研究方法は授業をビデオに録画・録音して，客観的に測定し，量的に分析して，授業者にフィードバックした。

　授業を再度行ったところ，(a)は60％から，0％近くまで減少した。(b)は35％から約10％近くまで減少した。その結果，落ち着かないクラスの生徒が落ち着いた授業ができた。研究の効果があったことが証明された。

　研究は問題（課題）を解決するために行うのであるから，現状にあった質の高い問題を設定するのが出発点である。今回の研究で，(a)(b)は質が高いといえるか疑問をもつ教師もいると思うが，この学級・授業者に必要な課題であったと思われる。

　研究方法として，ビデオを使って，授業者に授業の実態をフィードバックしたのは効果的であった。

〔I：石黒康夫，II III：岸　俊彦〕

トピック4　生徒指導
発達段階に焦点化した規範意識の醸成

I　研究の実際例　—児童生徒の規範意識を促す生徒指導のあり方に関する研究—

1　問題・目的

　学校を取り巻く状況が大きく変化するなかで，生徒指導にかかわる問題・課題も多様化，複雑化している。教育基本法の改正（平成18年）においても，児童生徒等が学校生活における規律を重んじることや，社会を構成するすべての者が，教育におけるそれぞれの役割と責任を自覚し，相互の連携協力に努めるべきことなど，教育のあるべき姿，めざすべき理念が明らかにされた。本研究は，児童生徒等の発達段階における特徴と規範意識の育成を関連づけ，保・幼・小・中・高連携等に焦点を当てた指導の工夫・改善を通して，児童生徒等の規範意識の醸成を促す生徒指導のあり方を2年次にわたり追究したものである。

2　研究の方法

　研究協力校職員（保・幼18名，小147名，中179名，高69名　合計413名）および教育センター専門研修講座受講者（小111名，中131名，高37名　合計279名）に校種間連携の実態等の調査を依頼するとともに，研究協力校の児童生徒等（保幼293名，小598名，中764名，高725名　合計2,380名）の規範意識に関して，日常生活および対人信頼感，共感性等の調査を依頼し，各質問項目について因子分析を行った。1年次は，各校種における「規範意識の醸成を促す全領域の年間プログラム」を作成した。2年次では，このプログラム試案を示し，研究協力校の実践事例をまとめていった。

3　結果・考察

　1年次の研究では，因子分析の結果，5因子（自尊感情，対人信頼感，共感性，耐性，価値構築）を抽出し，基本カテゴリーを説明変数，規範意識を目的変数として，各校種ごとに重回帰分析を行った。これらの結果，規範意識の醸成を促す育成ポイントを整理した（図1）。

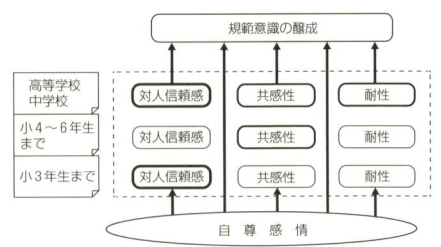

図1　自尊感情と規範意識の醸成を促す育成ポイント

　2年次では，発達段階を踏まえること，校種間連携を充実させることの2点を研究の視点として，研究協力校おいて育成ポイントにかかわる取り組みを実施した結果，事前・事後の意識調査の分析から，ルールの徹底と教育相談の充実等につながる校種間連携の重要性が明らかに

参考文献
　国立教育政策研究所生徒指導研究センター　2006　生徒指導体制の在り方についての調査研究　報告書—規範意識の醸成を目指して—
　鈴木守幸・園田幸男　2008　規範意識の醸成・育成に関する研究—実態把握から評価までの実践に基づいたモデルの提案—　群馬県総合教育センター編　平成19年度　調査研究　研究報告書，239.

なった。

Ⅱ　リサーチトピックスの例

規範意識に関する大規模調査としては，国立教育政策研究所生徒指導研究センター（2006）が，児童生徒の規範意識の醸成に焦点を当てて全国の教育委員会を通じて実態調査を行っている。鈴木・園田（2008）は，〔児童生徒の規範意識の実態把握→課題の明確化→解決に向けた取り組み→変容を見ての評価〕というシステマティックな規範意識の醸成・育成プログラムを開発している。本研究を考察する際に，ゼロトレランス教育も参考になる。（加藤十八編　2006　ゼロトレランス　規範意識をどう育てるか　学事出版）

Ⅲ　研究へのコメント

本研究は，教育カウンセリングにおける生徒指導実践研究として高く評価できる。

（1）論文構成に論理性があり，教育現場の問題解決へのヒントが明確に示されている。例えば，規範意識の醸成を促進する生徒指導モデルと研究仮説の提示→規範意識に関する教員と児童生徒への両側面からの意識・実態調査（教育現場の実態把握）→規範意識の醸成への影響要因の抽出と発達段階別の関連分析→発達段階別の規範意識の醸成に関する育成プログラムの開発→研究協力校における育成プログラムの実施と教育効果の検証→生徒指導実践への具体的提言，というように論理的な構成になっている。

（2）研究の期間は2年間で，対象は教員約690名・児童生徒約2400名と非常に幅広く，育成プログラムも広域で実施されている。そのため，本研究で得られた成果は，信頼性が高く，他地域の教育現場の同様の問題解決にとって参考になる。

（3）研究の留意点として，発達段階別の規範意識の違いや校種間連携の重要性があげられている。また，校種間の接続（アーティキュレーション）に注目して分析を行うなど，研究上の目配りがきいている。これは，研究実施者と研究協力者・協力校の合意と協力なくしては達成できない。

本研究でのデータ処理上の改善点として，以下の2点を指摘しておく。

（1）規範意識に関する質問項目を因子分析し，5因子を抽出しているが，因子分析の結果が示されていない。因子分析では，因子負荷量，寄与率，各因子ごとの信頼性を示すクロンバックの α 係数などを表示する。

（2）規範意識に関する重回帰分析が行われているが，回帰式のあてはまりぐあいを示す決定係数が示されていない。重回帰分析では，決定係数の表示は必要である。

〔Ⅰ：齋藤美由紀，ⅡⅢ：八並光俊〕

参考文献
犬塚文雄（編）　2006　社会性と個性を育てる毎日の生徒指導　図書文化社
飯野哲郎　2003　「なおす」生徒指導「育てる」生徒指導　図書文化社
深谷昌志（編）　2004　子どもの規範意識を育てる―教職研修総合特集，152.
国立教育政策研究所生徒指導研究センター　平成20年　生徒指導資料第3集規範意識をはぐくむ生徒指導体制

トピック5　個人カウンセリング

不登校の子どもをもつ保護者への支援

I　研究の実際例

1　ケースの概要

来談者：S君（小学3年生）の母親　　主　訴：息子の不登校に伴う子育てへの不安
家族構成：父，母，兄，兄・・・（5人家族）
面接回数：6回（小学3年生1学期～小学4年生1学期）

2　アセスメント（問題の把握）

　S君は2人の兄が不登校という家庭環境のなかで育っている。小学2年生の3学期にいじめが原因で転校したが，3年生の担任が厳しく，他の児童を罰することに不信感を抱き，転校先の学校で1学期半ばから不登校になった。母親は長男，次男に続き，三男も不登校となったため，自分の養育態度に自信を失っている。

3　方法（ストラテジー）

　母親の自信回復をめざし，まわりのリソースを見きわめながら支援体制をつくる。

4　経過（介入の経過）

　第1期　ラポールの形成：母親の不安感をやわらげるために受容的，共感的に面接を進め，S君母子を支援するリソースをさがした。

　第2期　問題の把握：母親面接から，①S君の2人の兄も不登校であり，母親自身にあきらめの気持ち，孤立感がある。②学校，友達に不満はなく，S君の再登校を望んでいる。

　第3期　積極的介入：4年生で学級担任が変わり，家庭訪問など，S君との交流を図った。また，親子レク（登山，海水浴，キャンプ，お泊まり会等）への参加を促し，S君と仲のよいN君の母親に協力を求めて休日に遊びに誘ってもらった。1学期後半に再登校できた。

5　考察

　本事例は，ある保護者がS君の不登校についてスクールカウンセラーである筆者に相談したことに始まる。S君は不登校のため3年担任から給食を打ち切られていたが，S君の親と仲のよい保護者を通してリレーションをつくり，早期に介入したことで改善につながったと考えられる。不登校問題を考える場合，子ども自身の自己肯定感の低さに加え，保護者の子育ての失敗感や親自身の自己肯定感の低さが影響している。援助の方法として，同じ子育て経験がある保護者によるサポート（リソースの活用）が有効であるといえる。

II　リサーチトピックスの例

　不登校の児童生徒（以下，不登校児と表記）が社会現象としてとらえられるようになって久しい。不登校を扱った論文は，主に母親を対象とした調査研究と，教育相談所やスクールカウンセリングにおける事例研究に大別することができる。また，事例研究においては，家族背景，クラス担任や学校の対応，いじめとの関係などさまざまな視点から検討する必要がある。以下，不登校に関する文献をあげる。

・網谷綾香　2001　不登校児とかかわる教師の苦悩と成長の様相　カウンセリング研究，34，160-166．…不登校児とかかわった教員にインタビュー形式で調査したものである。

・古谷雄作・上地安昭　2005　担任教師カウンセラーによる転入不登校児童への支援事例　カウンセリング研究，38，320-328．…カウンセリングを学んだ教師カウンセラーが転入してきた不登校児にかかわり，再登校に導いた成功例である。

・本間友巳　1999　不登校児童の母親とのカウンセリング過程－母親のみへの心理的援助と学校との関係の調整－カウンセリング研究，32（2），194-202．…不登校児の母親への逆転移を意識しつつ，共感的にかかわることで母親と児童の自立を促した事例である。

　さらに不登校児と保護者へのアプローチとして参考になるものを以下に示す。

・伊藤美奈子　2010　教師・カウンセラー・保護者の協働による不登校への対応　教育と医学　慶応義塾大学出版会・教育と医学の会編，58（11）　1043-1049．／・森岡正芳　2010　スクールカウンセラーと親と教師　臨床心理学10（4）金剛出版，489-493．／・吉田隆江　2005　保護者こそ最大のリソース　月刊学校教育相談，19（5），ほんの森出版，16-19．

III　研究へのコメント

　本事例は，教師カウンセラーが，養育に自信を失い孤立した状況にある不登校児の母親を支えるために周りの保護者（リソース）に積極的に働きかけた事例である。これまでにも不登校児の母親を対象とした研究は数多く紹介されてきた（板橋・佐野，2004）。しかし，周りの保護者にまで支援を求めるには，それなりの覚悟がいる。なぜなら，介入のタイミングやリソースの見きわめを誤ると，より深い傷を負わせてしまうリスクを併せもつからである。しかし，本例ではスクールカウンセラーが，1）初期の段階で母親の不安や悩みを共感的に聴き，ラポール形成の時期を意識していたこと，2）母親の子育てに関する不安感，学校への期待感を十分認識していたこと，3）周りの保護者をリソースとして活用できることを見きわめ，積極的に支援を求めたことが児童の再登校につながったと思われる。学校教育を理解できるスクールカウンセラーだからこそ可能な介入であったと思われる。　〔Ⅰ：大友秀人，ⅡⅢ：住沢佳子〕

参考文献　板橋登子・佐野秀樹　2004　不登校児の母親についての研究の現状と課題，カウンセリング研究，37，74-84．

トピック6　乳幼児教育
―2歳児の箱庭を使った遊びからの考察―

Ⅰ　研究の実際例　〜乳幼児を対象とした箱庭の教育的活用とその可能性〜

1　問題・目的

　保育現場における発達支援中で，乳幼児期の対人コミュニケーションの発達に問題を抱えている子どもに多く出会う。乳幼児期のコミュニケーションは「あそび」を通して行われるが，パーテン（Parten, 1932）は遊びと社会性の発達との密接な関連について指摘している。コミュニケーションの基点は子どもが出会った物と人を結びつけるときに必要とされる。このことから乳幼児対象でも「箱庭」による表現から保育者とのコミュニケーションを促進できないだろうか。妹尾・富田（2007）は選択性緘黙の児童に箱庭を使い，象徴的なフィギュア（人や動植物をかたどった人形や，家，木などの小さな模型）を通して会話をすることで選択性緘黙が改善された結果を得ている。本研究では「箱庭：乳幼児用」を使った遊びによるコミュニケーション促進の可能性を検討することを目的とする。

2　方法

(1) 研究対象　2歳児（女児）：H子
(2) 方法：乳幼児用箱庭による遊びの参与観察（砂なし：2回・砂あり：3回計5回：2週間に1回）
(3) 分析方法：遊び場面の録画ビデオの質的分析

3　結果

　〈1回目〉　乳幼児用箱庭セットを筆者と2歳女児H子とその両親と一緒に開ける。「何が入っているの？」テーブル一面に並べ，フィギュアの名前を自分で言っていた。

　〈2回目〉　前回は箱のなかにフィギュアを置くことはまったくなかったが今回は砂なしの箱のなかに，自分が好きなフィギュアを手に取り，その名称を言いながら並べていた。

　〈3回目〉　箱庭の箱に砂を入れた。H子は箱の砂に早速手を入れ，ぐるぐると砂を両腕で混ぜ「気持ちいいねー」と30分もその動作を続け，その後，フィギュアを並べた。

　〈4回目〉　箱庭を誘うと，H子は「動物園ごっこしよう」と自分から言い，砂を箱に入れる作業からフィギュアを出す作業すべてを一緒にやりフィギュアの名称を言い置いていた。

　〈5回目〉「動物園ごっこだね」と言い，箱のなかに自分なりにいろいろなものを並べ両親と会話して遊んでいた。以上，2週間の間隔ではあったがそのたびに使われる言葉も変化し遊

参考文献

Parten, M.B.　1932　Social participation among preschool children. *Journal of Abnormal and Social Psychology*, 27. 243-269.
妹尾美由紀・冨田久枝　2007　選択性緘黙の児童，A子とのかかわり　日本カウンセリング学会第39回発表論文集，90．（一部改編）

びの工夫もみられ，コミュニケーションを促進する教育玩具としての可能性が示唆された。

Ⅱ　リサーチトピックスの例

　これまで，乳幼児に関する研究は一般的に「カウンセリング」という視点では捉えられることが少ない。しかし，現代社会の変化のなかで乳幼児も当然「教育の対象者」であるという認識が浸透し，子育て支援といった親への支援も含みながら「支援：カウンセリング」の必要性も高まっている。そこで，本項では乳幼児を対象にした「教育」「カウンセリング」といった視点からのリサーチトピックを紹介する。

〈発達に関するリサーチ〉

　乳幼児は発達の最も顕著な時期であり，環境からの影響を最も受けやすい。そのような実態のなかで「環境と発達との関連」を検討するリサーチが多く実施されている。

〈親支援に関するリサーチ〉

　乳幼児を持つ親は，子育てのことで多くの不安を抱えている。特に，働く母親の増大で，子育て支援も注目されるなかで，親のストレス緩和，親へのコンサルテーション，親へのカウンセリング，親へのSGEや心理教育などの効果を検討する必要が生じている。

〈保育者の成長・発達に関するリサーチ〉

　近年，保育者の負担が年々増加して，退職する保育者も多く，保育者のメンタルヘルスや保育者へのカウンセリング，ストレスへの対処といったリサーチが実施されている。

Ⅲ　研究へのコメント

　(1) 本例は，乳幼児を対象とする「"箱庭"を使用した遊びによるコミュニケーション促進の可能性」を検証する研究である。研究方法として保育・教育関係者になじみやすい「遊びの参与観察」（両親同席）を採用しており，発達支援・発達相談につながる興味深い研究である。

　(2) 方法・手続きの詳細が記されていると追試行に役立つ。例えば，実施場所，研究者の立場（保育者・カウンセラー・外部研究者など），「録画ビデオの質的分析」の視点，「箱庭」表現の分析視点，事例研究・実験研究の別，対象児の主たる問題行動・めざす発達支援，遊び場面に両親が同席する理由・同席の仕方・めざす保護者支援など。

　(3)「結果・考察」が研究の中心部分であるので，「研究の結果」とともに「結果の考察」（遊び場面での対象児の「箱庭による表現や行動」の分析考察）を記述することが望まれる。

　(4) コミュニケーション促進遊具として「箱庭」の有効性の検証にあたっては，実験群（箱庭使用事例）とともに，統制群・対照群（「一般遊具」使用事例）を設定するとベターである。

〔ⅠⅡ：冨田久枝，Ⅲ：吉田博子〕

第1章　リサーチトピックス

> **トピック7**　**キャリア教育**
> SGE の原理と技法の活用

I　研究の実際例

1　問題・目的

　文部科学省は新学習指導要領で，小中学校の全教科・領域でキャリア教育の実施を提唱している。しかし実際には職場体験や職業適性検査などの実施に留まっており，職業的進路態度を育成する効果的な方法も検討されていない。本研究は，望ましい職業的進路態度の形成の一方法として SGE の原理と技法であるエクササイズとシェアリングを中学生を対象に実施し，職業的進路態度の変化を調べることを目的とする。

2　方法

　(1) 対　象：S 県南部に位置する某公立中学校の 3 年生男女 184 名（男子 100 名，女子 84 名），T 県南部に位置する某公立中学校 3 年生 232 名（男子 118 名，女子 114 名），の計 416 名（男子 218 名，女子 198 名）である。

　(2) 測定具：キャリア SGE 実施後の職業的進路態度の変化を調べるために，坂柳・竹内ら (1985) によって開発された「職業的進路態度尺度」を用いた（15 項目 3 因子）。

　(3) キャリア SGE 試行と調査の実施：キャリア SGE は 10 月から 12 月にかけての総合的学習の時間（週 1 回，5 回 6 時間）に試行された。質問紙調査は事前（キャリア SGE 試行の 1 週間前）と事後（キャリア SGE 最終回の 1 週間後）の 2 回実施された。

3　結果・考察

　事前と事後の調査資料から，対応のある平均値の有意差検定を行った。得られた結果は因子「計画性」（$p < 0.01$）と，因子「関心性」（$p < 0.05$）において有意差が見出された。3 因子の各平均値は事前よりも事後のほうが高かった（表を割愛）。

　得られた結果について考察する。①因子「計画性」は「将来展望をもち，自己の進路に対して，計画的であるか」である。実施されたエクササイズは「どんな働き方がしたいか」「どんな暮らし方がしたいか」で将来計画をねらいとしている。②「関心性」は「自己の進路に積極的な関心をもっているか」である。実施されたエクササイズは「何が好きか」「何をしたいか」「何ができるか」で，職業的興味・職業的欲求価値観・職業的能力など職業的関心性をねらいとしている。これらのエクササイズが計画性や関心性の側面に影響を与えていると考えられる。

参考文献
坂柳恒夫・竹内登規夫　1985　職業的進路態度尺度
堀洋道・山本真理子・松井豊（編）　1994　人間と社会を測る心理尺度ファイル　垣内出版

Ⅱ　リサーチトピックスの例

日本教育カウンセリング学会発表例
- 鈴木教夫　2003　小学生に夢や希望を育てる開発的指導の試み～開発教材「夢の設計図」を用いて～，118-119　－事例研究－
- 岩田和敬　2003　「総合的な学習の時間」におけるキャリア教育，158-159　－実践報告－
- 高橋昌子　2007　キャリアカウンセラーから見た生徒の進路意識発達度について，107-108　－質問紙法による比較研究－　－実践報告－
- 原田友毛子・橋本登・阿部明美・別所靖子・片野智治　JECA・SGE研究グループ　2007　キャリアガイダンス効果の研究　－効果測定の研究－

Ⅲ　研究へのコメント

　キャリア教育は「育てるカウンセリング」を実現する分野である。文科省が小学校からキャリア教育を行うことを提唱してから，その研究が始まったばかりであるといえよう。いまだ実践報告が少なく，その研究はこれからといった感がある。

　このような中で，SGEの原理と技法を用いたキャリア教育が「中学生の職業的進路態度」にどのような影響があるかという，効果を測定する研究は先駆的である。問題・目的が明確である。

　本実践研究において，「職業的進路態度」とはどういうものなのか定義することで，なぜ「進路態度」が必要なのかを定めることで，さらに問題が明確になるだろう。方法もコンパクトにまとめられている。教育実践であるキャリアSGEを中学生に実施し，質問紙法によって，その効果を測定する方法をとっている。実践の事前と事後に調査することは，一般的手法である。結果と考察も明確である。

　統計処理をすることによって，その結果の信頼性が増す。現在は統計ソフトが充実しているので，解析難度は下がっているといえる。心理的抵抗を克服することが肝要であろう。解析ソフトから出た結果の読み取りの仕方を学ぶことが望ましい。

　得られた結果（「計画性」「関心性」）が，実施したエクササイズの影響を受けたものと，関連づけている。結果がどうしてそのようになったかを考えるのが考察であろう。「なぜ」その結果なのか，という意味づけを実施したエクササイズと関連づけることが大事であろう。

〔Ⅰ：橋本登，ⅡⅢ：吉田隆江〕

参考文献
日本キャリア教育学会（編）　2008　キャリア教育概説　東洋館出版社
安達智子　2010　キャリア探索尺度の再検討心理学研究，81, 132-139.

第1章　リサーチトピックス

トピック8　健康・安全教育

シェアリング方式スーパービジョンを活用した事例検討での参加者の変容と効果

I　研究の実際例

1　問題・目的

　本研究は，平成17～18年度に札幌市養護教員会東区ブロック研究「養護教諭の健康相談活動の力量を高める取組～シェアリング方式スーパービジョン（以下S方式SV）を応用した事例検討～」の一部である。筆者を含む5名の研究推進委員で研究を進めた。研究の目的は養護教諭が①健康相談活動の問題解決の視点に気づくこと，②S方式SVを用いた事例検討で参加者にどのような変容が起こったのかを明らかすることであった。

2　研究方法

　(1) 対象：平成17～18年度札幌市養護教員会東区ブロック小中学校養護教諭41名。

　(2) 事例：「保健室登校」「精神不安定で来室する子」「感情をコントロールできずに暴力をふるう子」「アトピー性皮膚炎の子」「発達障がいと診断されている子」の5事例

　(3) 測定具・分析方法：①「健康相談活動で身につけたい力量」（以下A）について事前・事後調査で比較。②「事例検討後感想アンケート」のカテゴリーをKJ法で作成し検討(以下B)。③事例研究から「視点」を拾い「健康相談活動のためのチェックリスト（5領域105項目）」（以下C）を作成，事後の行動変容・意識変化を確認した。

3　結果・考察

　(1) Aについては，高めたい力の総数が増加した。もっと力をつけたいと感じるようになったということである。最も身につけたい力は「見きわめる力」から「かかわる力」に変化した。「連携する力」は有意に増えた（$P < 0.05$　フイッシャー検定）。(2) Bで多い言葉のカテゴリーは「組織」「経験」「気づき」「共通理解」の順であった。(3) Cでの行動変容は「学級での様子を聞く，見に行く」「短期・中期・長期目標をもつ」（各53.7％），「担任との人間関係づくり」(51.9％)，意識の変化では「養護教諭のスタンス，保健室の役割を考えることができた」(70％)，「自分だけでは考えつかない方法や考えを知ることができた」(60％)が多かった。感想からは，「困ったときに相談できる人（場）があると思える」(57.1％)，「自分ならこうするだろうと置きかえて聞く」(53.7％)が高まったことがわかった。参加回数で4回以上の参加者の行動変容の項目数が多い傾向（$p = 0.068$　一変量の分散分析）がみられ，意識変化では差はなかった。経験年数で有意な差はなかった。経験年数でなく，参加回数で行動変容があるということであ

　大友秀人　2003　日本教育カウンセリング学会研究発表論文集
　高石昌弘（編）　2001　養護教諭が行う健康相談活動の進め方　日本学校保健会

る。

II　リサーチトピックスの例

スーパービジョンの研究はまだ緒についたばかりであり，シェアリング方式スーパービジョンの研究論文はまだ現実的にはない。そのため教育カウンセリングの観点から研究関連のトピックスを紹介したい。日本教育カウンセリング学会研究発表大会発表論文集から紹介する。なお，本研究の詳細は，2007 シェアリング方式スーパービジョンを活用した事例研究―参加者の変容と効果の検証―（第5回，99-100）に掲載されている。

・大友秀人・大道まき子　2003　シェアリング方式スーパービジョンの試み

（1）方法と効果について（第1回，206-207）…シェアリング方式スーパービジョンの具体的な方法と効果に関する研究　（2）10回のセッションから見えたもの（第1回，208-209）…シェアリング方式スーパービジョンの成果に関する研究

・山下文子・竹内久美子・大友秀人　シェアリング方式スーパービジョンの分析

（1）〜分析フォーマットの開発〜（2004年 第2回，142-143）…セッション全体を把握し分析できるフォーマットの開発研究　（2）上記のほか，坂江千寿子・井上悦子・鈴木裕子　〜発言内容から見たリーダーの役割〜（2004年 第2回，144-145）…リーダーの果たすべき役割と介入ポイントの分析に関する研究　（3）参加メンバーの満足度調査から（2007年 第5回，201-202）…メンバーの参加意識（目的・目標）と満足度に関する研究

III　研究へのコメント

ここでは，［I］吉田ゆかり「シェアリング方式スーパービジョンを応用した事例検討での参加者の変容と効果」についてコメントする。

（1）本研究は，「養護教諭が行う健康相談活動の事例検討法を，シェアリング方式スーパービジョンで行う」という新たな境地を開いた研究である。（2）研究目的が明確に示されている。（3）研究方法（対象・事例・分析方法）について明記されている。分析方法になじみやすいアンケート調査とKJ法を用いている。研究を広めるときにも有効である。さらに，分析方法（A）・（B）・（C）と結果・考察を，簡潔明瞭な図表で表記されれば，追試行がしやすくベターである。（4）事例検討法にシェアリング方式スーパービジョンを応用したことで，この方法の特徴である①自己肯定感を育成し，②気づきが促進される。その結果，支援方法や技法についての自己盲点に気づき，意欲が増し・仲間に癒やされ集団への所属感が増す。養護教諭の健康相談活動について，力量アップにつながる有効な研究である。

〔I：吉田ゆかり，II III：門田美惠子〕

参考文献
　吉田隆江　2008　シェアリング方式グループ・スーパービジョン　カウンセリング心理学事典　國分康孝（監）誠信書房，481-482．
　國分康孝・國分久子・片野智治（編著）　2006　構成的グループ・エンカウンターと教育分析　誠信書房

トピック9　福祉・医療

対人援助職者のEQ能力を高める実践研究

I　研究の実際例　—構成的グループエンカウンターによるアプローチ—

① 問題・目的

　医療・福祉の対人援助職にとって，自己洞察力，共感性，愛他心，自己・対人・状況に対するコントロールなどのEQ（Emotional Intelligence Quotient）を高めることが求められている。そこでEQ能力を高めるトレーニング方法としてSGEが有用な手段であるかどうかを実践的に検証することを目的に本研究を行った。

② 方法

　(1) 対象：F市内の老人保健施設介護職者（SGE未体験者）20名（男8名・女12名）の属性を加味して2群に分け，Aは内省に介入するSGE実施群，Bはゲーム中心の対照群とした。

　(2) 測定具：EQS（著：内山喜久雄他）4因子・65項目。ワーク初回前と終回時および終了後3か月経過の3回施行しEQ能力の効果を確認した。サブ測定としてシェアリングからの質的データを使用した。(3) 実施：5月～9月（月1回，1回2時間30分×5），両群とも場所及び時間帯は同条件，エクササイズはSGE事典を中心に選択した。

③ 結果考察

　A・B両群とも体験前後に測定したEQSの結果を因子ごとにt検定を行った。A群の①自己対応は$P<0.05$，②対人対応は$P<0.01$，③状況対応は$P<0.01$といずれも有意差が認められた。B群は①$P<0.20$，②$P<0.44$，③$P<0.24$と，いずれも有意差が認められなかった。サブ測定のシェアリングからはA群「心の中のわだかまりが少なくなった」「人によって思っていることや感じていることが違うと感じた」「相手を信頼すること・されることは言葉だけではなく，日ごろの態度や接し方・心が通じているかが必要であることが実感できた」「不安を取り除くには，人の温もり・笑顔・信頼関係が大切だと感じた」などからA群のEQ能力の高まりが裏づけられた。B群では「とても楽しく気持ちが軽くなった」「なぜか体を動かしているにもかかわらず疲れが軽減していた」と内面の感情変化は起こらなかった。A群の2回目と3か月後の3回目のEQSの測定結果の有意差は①$P<0.59$，②$P<0.55$，③$P<0.37$と有差異は認められなかった。自己の振り返りでは「いろいろやってみようと積極性が出てきた」「さまざまな場面で自らを省みる余裕が生まれた気がする」と日常のなかでの進歩が実感でき，1度獲得したEQ能力はおおむね維持できていたといえる。これらのことからSGEは

参考文献
國分康孝・國分久子（総編）　2007　構成的グループエンカウンター事典　図書文化
片野智治　2007　構成的グループエンカウンター研究―SGEが個人の成長に及ぼす影響―　図書文化

EQ能力を高めるのに有用な手段であり，獲得できた能力はおおむね持続可能であることが示唆できる。

II　リサーチトピックスの例

- 別所靖子　2009　看護学生へのSGEプログラムによる支援　JSEC大会論文集
- 高野みどり，斉藤麻子，佐々木栄利子　2007　実習中に接する人からのストロークとエゴグラムの関係　JSEC大会論文集

III　研究へのコメント

　いろいろと工夫をし，興味深い研究を施行した力作である。本研究アプローチは，「エビデンスを重視する実践」EBP（Evidence － Based Practice）である。カウンセリング分野のSGE（構成的グループエンカウンター）の効果測定を実証的に行うため積極的にEBPにチャレンジしており，すばらしい。

　気がついた点を記す。介入群（実験群）A群と対照群（統制群）B群に分け，20人の老人介護職の方々から10人ずつ選ぶというプロセスにおいて，どのように選んだのか。EBPの基本は「ランダム化比較試験RCT」（Randomized Controlled Trial）という考え方である。いくらそのプロセスが適切であってもサンプリングが無作為抽出でないと結果に偏りが生じる。すべての方がSGEは初めてだったのか。あるいは経験者が多くSGEに肯定的だったのか。福祉関係の方々の場合には肯定的な方が多いのではないか。このSGEへのスタンスがEQSの結果に反映される可能性が推定される。すなわちSGEは有効な方法で，自己対応，対人対応，状況対応がよくなるという暗黙の認識が結果に影響する傾向が考えられる。

　また，対照群のゲームとはどのようなものなのか。例えばSGEの中でもゲーム的要素を含んだものがある。対照群のゲームはそれとはまったく違うタイプのゲームだったのか。また，逆にSGEは2時間半どのような内容のものをどのように行ったのか。SGEのどの要素がEQSのどの要素にどのように影響したのかという考察がもう少しあればわかりやすくなるのではないか。また，検定は2つの集団の平均値の差をみるt検定を用いられたのだろうか。

　サブ測定のシェアリングは数値だけではなく，その主観的内容を取り上げており，わかりやすい。このような主観をもっている人のEQSの値の変化はどうなっているのかもみてみると面白いと思った。さらに20人の方々のシェアリングの質的研究も重ねてみると前記考察に深みが増し，量的質的両面からSGEの効果測定ができ，今後の施行の具体的な方向性が備わってくるのではないかと考えられる。今後のさらなる御発展を期待したい。

〔I：松舘千枝，II III：市村彰英〕

トピック10　特別支援

コミュニケーションスキル学習の効果

I　実際の研究例

1　問題・目的

　広汎性発達障害（PDD = Pervasive Developmental Disorder）は，言葉の含みや意図がわからず，「自分の言葉を受けて，相手がどのように感じるか」ということへの配慮がないなどの特徴をもつ。そのため，社会生活を営むうえで必要なコミュニケーションを構築しにくいところがあるといわれる。本実践は，広汎性発達障害の生徒に対し，基本的なコミュニケーションスキルをターゲットとするスキル学習を実施し，スキルの定着度を質問紙法により，調査したものである。

2　方法

　(1) 対象：公立中学校特別支援学級（自閉症・情緒障害学級）に在籍する男子生徒5名。全員，広汎性発達障害の診断を受けている。ただし，知的な遅れは伴っていない。

　(2) ターゲットスキル：生徒が日常の生活で実践できていないコミュニケーションスキル，「おはよう」「おはようございます」「さようなら」「ありがとう」「はい」の5つを取り上げた。

　(3) スキル学習の試行と調査：総合的な学習の時間を活用し，年3回（4，7，9月），スキル学習を行った。学習効果を測定するため，9月のスキル学習の2週間前と2週間後にスキルの使用状況について質問紙に回答させた。評定スケールは，「4〜よくある，3〜ある，2〜あまりない，1〜ほとんどない」の4件法で行った。

3　結果・考察

　5名の生徒のスキル学習前後の評定平均は，「おはよう」(3.4→3.6)，「さようなら」(3.6→3.8)，「ありがとう」(3.0→3.4) の3スキルについては得点上昇がみられた。一方，「おはようございます」(3.6→3.6)，「はい」(3.4→3.4) の2スキルについては変化がなかった。日常の行動観察から生徒たちは，5つのスキルを2週間経っても意識しており，般化の傾向がみられた。広汎性発達障害の生徒は，日常生活で失敗する経験が多く，スキル定着は困難な環境にあるが，本調査から生徒ができなかった5つのスキルに関しては意識の継続は可能と思われる。今後はより長期にわたり，生徒の意識が継続できるような指導や工夫を考えていきたい。

参考文献　河村茂雄　2010　いま，学校で育てたい対人関係の力　児童心理，2010年10月臨時増刊　金子書房

Ⅱ　リサーチトピックスの例

　特別支援教育研究関連のトピックス例を特殊教育学研究から紹介する。
　・安川直史　2002　情緒障害学級におけるSSTプログラムの検討〜ボールゲーム場面での「あたたかいメッセージ」の指導を通して〜　特殊教育学研究，40，第1号，61-70.…情緒障害学級児童6名に対する対人関係スキル獲得をめざしたSSTの効果研究。
　・関戸英紀・川上賢祐　2006　自閉症児に対する「ありがとう」の自発的表出を促すルーティンを用いた言語指導〜異なる場面での般化の検討を中心に〜　特殊教育学研究，44，第1号15-24.…自閉症女児に対し，「学習・おやつ」ルーティンを用い，「ありがとう」表出の般化をめざした指導に関する研究。
　これらのほかに，特別支援教育に関する研究情報を得るには，日本特殊教育学会などへの参加を勧めたい。日本特殊教育学会発表論文集（第48回大会　2010）には「広汎性発達障害児を対象としたソーシャルスキルトレーニングの効果」(262-263)をはじめ，本例に類似する研究が多く掲載されている。
　効果測定に平均値の差の検定などの統計処理を行う場合，大櫛陽一他　1999　SPSSによる看護・福祉・医学統計学入門　福村出版　等は，入門書として活用しやすい。

Ⅲ　研究へのコメント

　ここでは実践研究例［Ⅰ］特別支援研究例・廣川博之「コミュニケーションスキル学習の効果」についてコメントする。
　(1)本例は高機能広汎性発達障害生徒のコミュニケーションスキル定着を試みた実践研究である。スキル定着の有無を，行動観察，質問紙調査という複数の指標から明らかにしようとした意図はよい。数値データはエビデンスとしての説得力をもつ。(2)生徒の日常場面の観察から5つのターゲットスキルを選定したことはよい。先行研究を渉猟し，ターゲットスキルのすり合わせがされればなおよい。(3)年3回実施のスキル学習の具体的な中身はどのようなものか。ロールプレイ，ゲーム的な活動などの内容が示されることで，ほかの実践者による追試行が可能となる。(4)スキル学習前後の平均得点の変容によってスキル学習の効果を示す場合，有意差検定を行うことでエビデンスとしての説得力が増す。本例は，対象生徒数が少ないためノンパラメトリック検定の活用が考えられる。(5)先行研究に比して，本例はどこに位置するのかという意識を常に持ち続けたい。考察を行う場合にも，先行研究の知見と本例の結果をすりあわせたうえで，成果と課題を述べることが望ましい。

〔Ⅰ：廣川博之，ⅡⅢ：曽山和彦〕

トピック 11　SGE
構成的グループエンカウンターと自己認知の変化

I　研究の実際例

1　問題・目的

教育カウンセリングの観点からいえば，自己認知が歪み，ネガティブなものが形成されると，過小評価，自己卑下，自信喪失，劣等感情，無気力，対人関係障害などの不適応行動が現れるといった実践的知見がある。本研究はポジティブな自己認知の形成・育成の一方法として構成的グループエンカウンター（略称 SGE）を用い，高校生を対象に SGE を試行し，事前と事後の自己認知の変化を調べることを目的とする。

2　方法

(1) 対象：S 県南部に位置する某高等学校 2 年生男女 32 名（男：15 名，女：17 名）。

(2) 測定具：長島・原野・堀ら（1965, 67）によって開発された「自己概念査定法— SD — Differential」に準拠した簡易版を用いた（18 項目 4 因子構成）。(3) SGE 試行と調査の実施：SGE は夏季休暇中の 3 日間（週 1 回で，1 回につき 3 時間）試行され，質問紙調査は事前（SGE 試行の 1 週間前）と事後（SGE 最終回から 1 週間後）の 2 回実施された。

3　結果・考察

事前と事後の調査資料から，対応のある平均値の有意差検定を行った。得られた結果は因子「強靭性」・「誠実性」（$p < 0.05$）と，因子「情緒安定性」（$p < 0.01$）において有意差が見いだされ，4 因子の各平均値は事前よりも事後のほうが高かった（表を割愛）。

結果について考察する。①因子「強靭性」は勇敢な，頼りないなどの項目からなる。また，因子「誠実性」はまじめな，不正直ななどの項目から構成されている。一方，実施されたエクササイズは「私のお願いを聞いて（気概の表出）」や「誇らしい体験・みじめな体験」である。後者は自他理解や自己受容をねらいとしている。これらのエクササイズが自己認知の強靭性や誠実性の側面に影響を与えていると考えられる。②因子「情緒安定性」は狭い，慎重な，嫌いなといった項目から構成されている。一方，実施されたエクササイズ「トラスト・ウォーク」「私は私が好きです。なぜならば…だからです」「私はあなたが好きです。なぜならば…だからです」は，信頼体験や自己受容（他者受容）をねらったエクササイズである。これらの SGE 体験が自己認知の情緒安定性に影響していると考察される。

参考文献　長島貞夫・藤原喜悦・原野広太郎・斎藤耕二・堀洋道　1967　自我と適応の関係についての研究（2）— Self Differential 作成の試み—東京教育大学教育学部紀要，13, 59-67.

Ⅱ　リサーチトピックスの例

　教育カウンセリングの観点から，SGE研究関連のトピックス例を紹介したい。日本教育カウンセリング学会研究発表大会発表論文集（第7回・8回大会）から紹介する。

　・原田友毛子　2009　スペシッフィクSGEの継続的な実施による効果測定方法についての一考察―児童のポジティブな他者発見行動「あなたのここがいいところ」調査を用いて―（第7回, 178-179.）…効果測定の方法に関する研究。

　・石橋義人　2009　スペシッフィクSGEリーダーの感情体験に及ぼす教師特有のビリーフの影響（第7回, 168-169.）…リーダー行動に関する研究

　・水野邦夫・田積徹　2009　SGE参加者における心理状態の生理的測定の可能性（第7回, 156-157.）…SGE体験過程に関する研究であり，オリジナリティのある測定法を用いている。

　これらのほかに，國分康孝・片野智治　構成的グループ・エンカウンターの原理と進め方：リーダーのためのガイド（誠信書房），片野智治　構成的グループエンカウンター研究，教師のためのエンカウンター入門（図書文化社）を参考にしてほしい。

Ⅲ　研究へのコメント

　本研究はSGE（刺激・独立変数）と子どもの成長（結果・従属変数）の因果関係を検証するField Studyである。本研究が教育現場に示唆することが3つある。

　ひとつは効果測定という，教師が日常の教育活動でいちばん役に立つ研究法のモデルを示していることである。自分の実践が果たして効果があるのかという自問自答の研究の例である。既成の尺度や心理テストを借用すれば，それほど手間はかからない。

　第2の示唆は，SGEは自他の体験した人生の「事実」，「事実に対する受け取り方（認知）」をエクササイズを介して学習することにより，自他や人生への認知が変容することである。認知の変容が感情・行動の変容に連動し，その結果，人間成長を促進するのである。教育カウンセリングのひとつの方法としてのSGEの機能を検証する研究である。片野は自己認知（この研究では「自己概念」）への効果を測定したが，その他，自己効力感，進路意識，友人関係など，いくつもの従属変数が考えられる。

　本研究の第3の示唆は，どのような教育目標のために（例，思いやりの心を育てる）どのようなエクササイズを配列すると効果的か（プログラム作り）の研究の必要性の示唆である。片野は私の師ムスターカスを基調にエクササイズをOneness, Weness, Inessの3種類に分類し，それぞれの効果を実証した。これを応用して，どのようなときにどのようなエクササイズが有効かの研究が，今後の研究のトピックになると思われる。　〔ⅠⅡ：片野智治，Ⅲ：國分久子〕

参考文献
　國分康孝・片野智治　2001　構成的グループ・エンカウンターの原理と進め方　―リーダーのためのガイド―　誠信書房
　國分康孝　1993　カウンセリング・リサーチ入門　誠信書房, 121-144.

第1章　リサーチトピックス

トピック 12　文献研究

なぜ文献研究は重要なのか

I　研究の実際例

　リサーチではデータの収集や分析だけでなく，関連する先行研究を丹念に調べることも大切である。これを文献研究という。本トピックでは文献研究の重要性について，大きく3つの観点に絞って述べることとする。

1　リサーチの方向性を決定する

　例えば「不登校」についてリサーチしたいとする。しかし，不登校という問題は今突然降ってわいたわけではない。いつごろから不登校が注目されはじめ，これまでにどういう対応がなされ，どんな研究知見が得られてきたのかなど，一連の経緯や流れがあるはずである。それを知ってはじめて，不登校の何をリサーチすべきなのかがみえてくるのである。文献研究はリサーチの方向性を決定するのに不可欠な作業であるといえる。また，このことは次の点にも関係してくる。

2　オリジナリティを明確にする

　子どもたちにソーシャルスキルトレーニングを行い，その効果を調べるために「子どものソーシャルスキルを測定する尺度」を作成したとする。しかし，そのような尺度がすでに作成されていたとすれば，改めて作成する必要性がどこにあるのかという話になる。これまでにない尺度を作成したとか，既存の尺度では測定できないものを測定する尺度を作成したとかというように，リサーチにはオリジナリティがなければならない。文献研究を十分に行い，自身のリサーチのオリジナリティを明確にする必要がある。

3　自説の客観性を補強する

　「クラス内のリレーションの欠如はいじめを助長する」という仮説を立て，なぜそのような仮説が成り立つのかを説明する際に，自分の主観的な推測ばかりを述べても説得力はない。リサーチは常に客観性が問われる。先行研究を引用し，「単に私の推測だけではなく，それを支持する研究結果もある」と示すことで，自説の客観性を補強していくことができる。同様のことは，得られた結果を考察する際にもいえることである。客観性の高い論証をするために，文献研究を通して多くの知見を得ておくことは重要である。

参考文献
安藤清志・村田光二・沼崎誠（編）　2009　新版 社会心理学研究入門　東京大学出版会
國分康孝　1993　カウンセリング・リサーチ入門　誠信書房

Ⅱ 文献研究をすすめるために

【用具を使いこなす】 卒業研究ゼミを，梅棹（1969）と立花（1984）を買うことからスタートする。知的生産の心得と準備を知ることができる。しかし，これらの著作からさらに20年余もたち，研究環境はすっかり情報化した。自宅のパソコンの前に座れば，必要な文献は網羅的に入手可能である（成田　2006）。こうした文献検索のための用具を使いこなしたい。ちなみに，東京学芸大学のHPから，「図書館」「データベース」「CiNii」とたどり，「社会的スキル　OR　ソーシャルスキル」の入力で，2000年から2009年だけで827件ヒットする。

【文献の整理】「展望」という論文がある。例えば，この10年間の社会的スキルに関する研究をまとめ，これからの研究の方向性を探るのが目的である。博士論文の執筆には，不可欠な作業である。個別の論文でも，初めの「問題と背景」で，先行研究を整理する。年代別や小・中・高と研究フィールドで柱を立てることもある。しかし，研究の独自性を主張するには，論旨に沿った柱を構成する必要がある。もし，10頁の論文なら10～15編程度，多くて20編の先行研究を使って論旨を組み立てたい。1頁当たり，1～2編の引用文献数と覚えておくと，形が整う。梅棹の情報カードはこの作業のために活用されるが，現在では「マインドマップ」「Idea Card」などのソフトも利用される。

Ⅲ 研究へのコメント

第1章のトピックを眺めると，ここだけ異質だ。その分，著者は苦労され，第1稿では「社会的スキルの測定法の実際」という副題で，これまで開発された尺度について，文献研究の成果を紹介。本書に収めた第2稿は，「なぜ文献研究は重要なのか」という副題で書き改められた。

● 研究論文の作成は格闘技である：研究論文を発表するのは，読み手に一発ガツンとパンチを食らわすためである。ある領域で未着手の課題，明快な答えが出ていない課題，一定の答えは出ているがそれに反論する必要がある課題，などに挑戦する。水野氏の「方向性」「オリジナリティ」というコトバは，パンチを力強いものにするために不可欠である。

● 心中相手を見つける：心中相手が明確だとよい論文になる。この協会と学会の会員は，國分両先生が好きでたまらない。両先生も会員が好きである。この場合でも，どこが・なぜ好きなのか，論文のなかではっきりと記述する必要がある。ただ好きだからまねしてみたでは，論文にならない。ところで，無理心中というのもある。相手の考え方と自分の考え方には違いがあるので，論駁するために心中に引きずり込むのである。水野氏が「自説の客観性を補強する」という表現をしているのは，この心中のためである。だから，論文では，「参考文献」ではなく「引用文献」にしなければならない。

〔Ⅰ：水野邦夫，ⅡⅢ：河野義章〕

参考文献
梅棹忠夫　1969　知的生産の技術　岩波新書
立花隆　1984　「知」のソフトウェア　講談社現代新書
成田健一　2006　教育心理学を研究する　河野義章（編著）教育心理学　新訂　川島書店，245-261．

第2章

授業にカウンセリングを生かす研究

第2章では，各教科・各領域の学習活動の向上に教育カウンセリングはどう貢献するかの研究実践例を今後の実践・研究の指針となるようにコメントもそえて構成している。生徒指導だけでなく，学業も教育カウンセリングのリサーチ対象であることを示したい。

> **総論**
>
> # 授業にカウンセリングを生かす研究とは
>
> 教育カウンセリングは，個別相談活動だけではなく，教科・領域などの集団活動場面でのカウンセリング活動も重視し，学校の教育活動全体を通して，計画的・継続的に展開するところに特色がある。

I 各教科・各領域で教育カウンセリングの心と技法を活用しよう

　カウンセリングは相談室で行われる個人面接だけではなく，教師が児童生徒学生と時間的にもいちばんふれあえる授業こそ，教育カウンセリングのよき機会や場所である。それだけに授業にカウンセリングの心と技法を活用していきたい。

　学校教育は，①「教科指導」，②「教科横断的総合的な学習の時間」，③「学校の教育活動全体を通じて進められる生徒指導・進路指導・道徳教育・健康安全指導等の領域的な指導」に3大別される。教育カウンセリングは第3の学校の教育活動全体を通じて進められる指導のひとつである。

　教育カウンセリングとは，自己理解を深めさせながら自己肯定感を高め，他者との相互感情交流を通して，他者を理解し尊重していこうとするカウンセリングである。教育カウンセリングは，「育てるカウンセリング」，「人間関係を高めるカウンセリング」，「自己の確立をめざすカウンセリング」といわれる由縁である。

　したがって，教育カウンセリングの心とは，他者とのふれあいやつきあいを通して人間関係を大事にする活動であり，児童生徒学生の①学業，②人生設計，③自立，④人間関係，⑤健康，⑥グループ・組織などの発達課題を援助していく活動である。

　これらの活動を授業のなかにいかに取り入れ，融合させ，相乗効果を上げてていくかが，授業にカウンセリングを生かしていく活動の焦点であり，実践研究の対象である。

II 教科指導と教育カウンセリングとの異同について考えてみよう

　教科指導も授業での教育カウンセリングも，法令，児童生徒学生・保護者・学校・地域・社会の実態や要請を勘案して作成された学校指導目標の達成に向けての支援援助活動を進める点においては，まったく相違はない。ただ，目標達成の手段・内容には次のような違いがある。そこで，教科指導と授業など集団活動での教育カウンセリングの異同について，日本教育カウ

参考文献
日本教育カウンセラー協会編　2004　教育カウンセラー標準テキスト・初級編，中級編，上級編　図書文化社
國分康孝（監）　2008　カウンセリング心理学事典　誠信書房
仙﨑武他（編）　2010　図説キャリア教育　雇用問題研究会
池場望　2000　特別活動研究　とうあ企画

表1 教科指導と授業での教育カウンセリングとの異同

種別	教科指導	教育カウンセリング
ねらい	教科指導目標の達成 (教科としての知識・理解，技能，能力・態度等)	授業を成立させる土台づくり (人間関係作り，自己肯定感・自己有用感の醸成，学習意欲の向上，計画立案と実践，協学の心などの授業環境の整備)
研究課題	教材研究，教科目標達成のための指導方法，カリキュラムづくり，学習指導案など	発達課題への援助 (学業，人生設計，自立，人間関係，健康，グループ・組織)
指導方法	わかる授業（タクティクス　戦術） (説明の仕方，例示，教材づくり，視聴覚教材の活用，実験・体験など) 変化のある授業（ストラテジー　戦略・方略） (学習過程の研究；例・課題意識の高揚→課題の把握と共通化→課題の分析と総合→課題の自己への適用等，カウンセリングの心を生かした活動の展開　※次項Ⅲを参照)	楽しい授業 (言語的スキル「対話のある授業」。非言語的スキル「表情，姿勢，ジェスチャー」)

ンセラー協会編「教育カウンセラー標準テキスト・初級編」（國分康孝　2004　教育カウンセリング概論　図書文化社），「同・中級編」（河野義章　2004　学業発達　図書文化社），仙﨑武他編「図説キャリア教育」（池場　望　2010　進路学習の進め方　雇用問題研究会）などを参考にしながら次の表1のようにまとめてみた。

Ⅲ　授業に教育カウンセリングを生かす実践研究を進めてみよう

　授業に教育カウンセリングを生かす実践研究を進める対象や方法として，次のような視点を参考にしながら実践研究を進めてみよう。

◆カウンセリングの心を生かした活動の展開（授業を成立させる土台づくり）
①一人一人を大切にし，児童生徒学生との一体感を心がけた指導を工夫する。
②傾聴を常に心がけるとともに，応答・助言・叱咤・激励などの際の感情交流に配慮する。
③受容・共感を軸にした理解的態度で生徒に接するようにする。
④指示，説明，示範，発問，課題提示，応答，助言，激励，賞賛，叱責など，教師は，児童生徒学生のやる気を喚起し，課題解決の援助となるよう正確にわかりやすく働きかける。
⑤読む，話す，聞く，書く，見る，作業する，考える，相談する，討論する，表現する，計画する，まとめるなど，児童生徒学生の多彩で主体的な活動が誘引されるような活動計画を工夫する。
⑥構成的グループエンカウンターなどのグループワークを導入し，教科の課題をエクササイズとしながら，自己理解，自己表現，自己主張，感受性，信頼体験，役割遂行の力を磨かせる。

⑦教科のグループ活動などに，アサーションスキルやソーシャルスキルの方法を導入し，自己主張や基本的生活スキルの形成を図る。
⑧6つの発達課題を授業に絡み合わせる。

Ⅳ 実践研究の結果を研究論文にまとめてみよう

研究論文のまとめ方については，各章の解説にゆずるとして，要約した研究論文の具体例を示す。その論文のよい点や改善点については，研究へのコメントに示してあるので，両者をあわせ読み参考にされたい。

Ⅰ 論文要旨「川柳づくりを通しての自他の理解と文章表現力の向上」

□□中学校　国語科担当教諭　○○　◇◇

1 問題・目的（問題・意義・目的・仮説の内容）

本校中学1年生は，入学して間もないだけに，友達どうしの交友も浅く，新入生テストの結果では文章表現力の不足が指摘されていた。そこで，国語の授業にSGEによる川柳づくりを取り上げ，自他の相互理解を通しながら文章表現力の向上を図ることにした。そのためには，五，七，五の短い文を作り，皆で披露し合うことにより，自他の理解と人間関係が深まり，あわせて自分の思いを短文にまとめて表現する力が身につくと考え，実践を進めた。

2 方法（実践者・対象者・場所・方法・手続き）

川柳を選んだのは，日本語はほとんど五，七，五の区切りで表現されることが多いうえ，メールなどで短文は子どもたちにとって身近な存在だからである。2010年4月20日2時間目，22日4時間目，25日5時間目の1Aの国語の授業3時間を特別単元として特設し，SGEグループを編成し，エクサイズとして，1時間目は自他紹介，2時間目は川柳づくり，3時間目は季語を入れた俳句づくりを行った。2時間目では川柳の初めの語句は友人の名前，中の句は友人のよい点や特色，最後の五の句を「素晴らしい」，「ありがとう」などのほめ言葉や感動したこと，と決めて，グループ内の友人に向けての川柳をつくらせてみた。

3 結果（実践の結果・統計的検定・確実にいえる結果）

1時間目の授業では友人同士の人間関係が深まり，2時間目では「A子さん　ばりばりお掃除　ご苦労さん」，「B子さん　文字がきれいで　うらやましい」，「C太郎　大きな声で　まとめ役」，「D助君　気は優しくて　力持ち」，「E子ちゃん　相談してくれてありがとう」，「F君は　足が早くて　頼もしい」など沢山の句が紹介され，自他の理

解が深まった。

　また，季語を入れた俳句づくりも生徒の学習意欲は高まり，活発に進めることができた。

4　考察（結果の吟味・教育実践への提言・今後の課題）

　「川柳づくり」を通して「自分は人からこう見られている」，「友達のよさを探し表現してみる」この活動は，自他の再認識を深めただけでなく，表現活動への意欲を高めた。この川柳づくりは，対象を家族や生活体験に広げ，結語を工夫することにより道徳や生き方の指導にも活用できるものである。今後は，他のクラスにも実践し，その成果を比較検証していきたい。

Ⅱ　研究へのコメント

　本研究は，国語科の指導目標の達成に向け，教育カウンセリングの手法を取り入れた実践研究論文である。論文内容が要旨のみで細部について把握できないままのコメントをお許し願う。

　論文は，③結果の項を除いてよく構成されている。①問題と目的では，問題・意義・目的・仮説の内容，②方法では，実践者・対象者・場所・方法・手続き，④考察では，結果の吟味・教育実践への提言・今後の課題について簡潔に整理されて述べられている。

　残念なのは，③結果の項で，生徒の川柳作品例が羅列されているのみである。この実践の評価基準が示されていない。生徒の変容のぐあいや，実施クラスと非実施クラスとの比較など量的研究を進めれば，この研究の評価はさらに高まるものと思われる。また，論文は，「新規性・有効性・信頼性」の3条件が必要なだけに，今後の研究にあたり，先行研究調査，評価基準の提示も含めて，継続的な研究を期待したい。

　本来「綴り方教育の史的研究」等の実証的研究，「国語科教材史研究」等の文献研究は，国語科としての研究論文であるが，「読む・話す・聞くことについての対話のある授業の進め方」，「構成的グループエンカウンターの導入」，「授業を通しての自己効力感の育成」，「人間関係能力を高める言語活動の実践」などなど，教育カウンセリングの技法が国語科の授業にも活用できる。今後の実践に大いに活用しよう。

〔池場　望〕

第2章 授業にカウンセリングを生かす研究

教科1　カウンセリングを生かした国語科分野の研究

提案についての話し合いをカウンセリングの技法を用い，体験的に学ぶ

I 研究の実際例

1 問題・目的

　通常学級における教科指導のなかで，支援を要する生徒のつまずきを考慮した授業づくりを試みた。具体的には，国語科としての「話す，聞く」の指導内容をおさえ，コミュニケーションに課題のある生徒（以下A男）が学びやすい話し合い活動を展開し，話し合いの方法を体験的に学び，支援を要する生徒も含めて学級全体が話し合いのよさを感じ取ることを目的とした。

2 方法

　3時間の単元構成とし，第一時は【聞く】，第二時は【話す】，第三時に【話し合い】を中心とした構成にした。「ねらい─方法─留意点─演習」のプロセスのうえで構成的グループエンカウンターの技法を用いた。演習の内容は①話す，聞く（聴く）活動が促進される内容，②ソーシャルスキルが身につく内容を選択（品田笑子　2008　学級ソーシャルスキル　図書文化から修正して使用）して国語としての授業評価に結びつけた。なお，3時間ともに二人組のティームティーチングとし，第一時，第二時はT2として指導し，第三時についてはT1を担当した。

3 結果

　【芋煮会のプラン作りから「話し合い」で大切なことを学ぼう】というねらいを提示して，グループでの話し合い活動を行った。A男がいるグループは活動当初司会が意見を引き出すことができずに困っている様子もあったので途中から「～はどうですか」と質問する形に変えた結果，それぞれが意見を出すことができるようになった。日ごろ自分から話しかけることが苦手なA男については，グループのいちばん最後ではあるが自分の考えを理由を含めて述べることができるようになった。自分から話すのが苦手な反面，他者の行為には厳しい面がみられる点があったが，司会（リーダー）の進め方についても肯定的な評価ができ，振り返りでは，話し合いで大切なことを考える内容として，導入時の「人の発表をよく聞く」から，「みんなが納得できる意見を述べる」という内容に深まってきた。

4 考察

　A男の様子については，参観者の観察や振り返り用紙などでとらえたが，協議ではA男以外の子どもの気になる様子が話題になった。今後も支援を要する子どもも含めた子どもの学びを語る事後協議会のあり方を再検討していくことが課題である。

II　JECA 研究発表大会での国語科に関連する発表例

吉田隆江　1996　「構成的グループエンカウンターを活かした国語の授業が、高校生の人間関係の広がりに及ぼす影響」－効果測定の研究－

吉川正剛・三宮真智子　2009　『対話のある授業』の構築を目指す高２現代文『こころ』の授業」－効果測定の研究－

眞里谷博子　2011　「国語科授業における発言のあり方と学習意欲向上の試み―ＳＧＥの原理を生かして」－実践報告－

III　研究へのコメント

本例は，通常の授業のなかで，特別な支援が必要な生徒が学びやすいように，カウンセリングの技法を用いて授業を組み立てた実践研究である。

「話す，聞く」の指導は，他者との対話が必須である。本例でのＡ男は，コミュニケーションに課題がある。そういった場合の研究としては，Ａ男の授業参加に関する指導法の研究が一つある。そしてもう一つは，他の生徒と特別な支援を必要とする生徒の効果的なかかわりに関するアプローチの開発といったことがある。

前者は，特別支援教育のなかで，近年急速に研究や指導法の開発が進んでいるところであるが，後者に関する研究は，今後さらなる研究が必要な領域である。

本例は，その後者に関する研究として先駆的な取組として注目できる。

本例の良さは，一つには，多くの先行研究において，対人関係の構築や自他理解に有効とされる構成的グループエンカウンターの手法に注目し，指導過程のなかで生かしている点である。そして，もう一つは，Ａ男の授業参加や用いた手法による変容に関して分析，考察しているだけでなく，所属する学級集団がＡ男とどうかかわり，共に授業参加したのかをとらえている点である。

これは一般的なことだが，授業にカウンセリングを生かすといった研究においては，その授業において，授業参加が促進されたとか，関心意欲が高まったということとともに，それによって，学力がついたのか，理解が深まったのか，技能が高まったのかなど，教科のねらいが達成されているかどうかも生命線である。本例は，そのことにきちんと正対している点も評価できる。今後の継続的な研究を期待したい。

〔ＩⅡ：榊原康夫，Ⅲ：吉澤孝子〕

第2章　授業にカウンセリングを生かす研究

> **教科2**　カウンセリングを生かした**社会科分野の研究**
> 生徒の身近な題材から自己・他者理解をシェアリングできる授業の模索

Ⅰ　研究の実際例　──心理テストを使った自己理解・他者理解の授業──

1　問題・目的

　高校の社会科学習は公民科のなかで「青年期の心理」として学習する。生徒の心理学に対する興味・関心は高いものの，生徒はテレビのバラエティ番組等で見聞きしている心理テストを鵜呑みにし，心理テストを面白おかしくネタ的にとらえている傾向がみられる。筆者は授業で標準化されたP-Fスタディ（サクセス・ベル社　青年用）を実施して，その分析の深い意味から自分を知り，相手を知り，感想を分かち合う（シェアリング）経験をさせている。

2　方法

　P-Fスタディを選んだのは，簡単に時間をかけずに実施できる点，設問も高校生の実態に合わせて改良が容易な点である。設問1はローゼンツァイクの「怒りの矛先」：メガネ屋に修理のために出向くと主人から「あなたの顔がゆがんでいるんですよ」と言われた場合のそれぞれ，①ムッとしながら「とにかく直してください！」（他・外罰），②遠慮気味に「みんなゆがんでいるんですか？　私だけ？」（自・内罰），③苦笑しながら「ゆがんでいませんよ～」（無罰）から生徒たちに選択させてお互いにどれを選んでいるか確認。設問2はルールの「責任帰属」：久しぶりに会った旧友にカラオケに誘われました。歌って旧交を温めるのを楽しみにしながら当日を迎えたのに，突然ドタキャンの電話。どの理由がいちばん許せない？　①「カラオケやめて映画にしよう」（不当な意図的加害），②「先生の見回りがある，ヤバいよ，やめよう」（正当な意図的加害），③「財布のなかが空っぽなのに気づいた，ごめん」（不注意・怠慢）。これも選んだ後に友達同士で確認。それぞれ理由を数名に発表させる。

3　結果

　選択が割れ，お互いに選んだ理由を話し合うなかで，相互理解と納得感が高進する。心理テストには正解はなく，違いがあるだけであることも再認識できる。シェアリングを終えた授業後の振り返りシート（感想）はほとんどその内容である。

4　考察

　自己・他者理解の目的からさらに一歩踏み込んで，トラブルの際，変えやすいのは自分 → 環境 → 他者であることや，正当な理由でも第3者の介入が許せないと感じる人がいることなど，心理テストが人間関係をスムーズにする手助けになることを学べた。

Ⅱ　JECA 研究発表大会での社会科に関連する発表例

原　香　2006　小学校 3 年生社会科ミニバーコード活用時における高機能自閉症児の反応についての一考察
南部泰啓　2007　「尾崎豊」を教材とした倫理授業
南部泰啓　2008　「ゴッホ」を教材として朗読を取り入れた倫理授業

Ⅲ　研究へのコメント

　本実践研究は興味深い。それは心理テストを教材化しているからである。
　いうまでもなく心理テストはアセスメントツール（心理査定ツール）である。特に青年期にある生徒・学生は自己の行動パターンに関する自己理解に興味津々である。執筆者南部氏の指摘（「心理テストを鵜呑みにし，面白おかしくネタ的にとらえる傾向」）は的を射ている。
　南部氏の本授業における生徒たちが喧々諤々している様子が浮かんでくる。「選択が割れ，お互いに選んだ理由を話し合うなかで，相互理解と納得感が高進する」という指摘通りであろう。ワンウエイではなく，生徒が主体的に参加し，あり方生き方を模索している授業であると推測する。
　リサーチという観点から述べれば，以下に挙げた点に関する記述がほしい。①研究対象（例　高校 1 年生 37 名，M = 18 名・F = 19 名）に関する記述，②結果に関する記述（例　「授業後の振り返りシート」に記載された内容分析から見いだされた傾向），③「考察」を裏づける根拠または資料（データ）の記述等である。
　本実践的研究にある「正当な理由でも第三者の介入が許せないと感じる人がいる」等に関する生徒の主体的な学びは，公民科の授業ではきわめて貴重である。主体的な学びや体験学習では「シェアリング」という心理教育的指導法は有効である。
　冒頭で「本実践研究は興味深い。それは心理テストを教材化しているからである」と述べた。本授業実践で使用された「P-F スタディ」はもともとテストではなかった。「場面決定因は明確化されているが，刺激の曖昧性をもたせてあることから，制限的，準投影的な用具である」という点で，心理教育的な教材として採用可能である。P-F スタディの特徴を生かしている。

〔ⅠⅡ：南部泰啓，Ⅲ：片野智治〕

参考文献
　松原達哉（編著）　1995　最新心理テスト法入門　日本文化科学社，168-169．
　林勝造（著者代表）　2007　P-F スタディ解説 2006 年版　三京書房
　橋本重治・応用教育研究所改訂版編集　2003　教育評価法概説 2003 年改訂版　図書文化社

教科3　カウンセリングを生かした**理科分野の研究**

「調べ学習」における内発的動機づけ支援行動

Ⅰ　研究の実際例

1　問題・目的

　家庭学習の定着に向け，宿題や家庭学習ノートの活用など，現場ではいろいろと工夫されてはいるものの，やらないままに過ごしてしまう生徒も数多く存在している。本研究では，理科の「調べ学習」について，学級の他者をモデルに自分自身の学習方略，対処行動に焦点を当て，それを促進させるための教師支援行動について検討することを目的とする。

2　方法

　中学1年生へ漠然とした課題「春の七草を調べてくる」を出す。課題についてどこまで調べるかは，生徒個人の判断に任せる。課題達成後，互いのノートを見せ合い，自分のノートとどこが違うか確認し合う。さらに続けて2回，調べ学習の課題を出す。

① 質問紙：調べ学習1回目と3回目の終了後，調べ学習に対する，意識の変化・行動の変化について8項目について，1（まったくあてはまらない）から5（非常にあてはまる）の5段階評定とした。調査時間は10分であった。

② 調査協力者：東京の公立学校，中学1年生（男子134名，女子129名）。

③ 調査時期：平成19年4月。

3　結果

　調べ学習に関する教師の介入の前後について t 検定を行った結果，意識の変化・行動の変化ともに，介入の前後で有意な差が確認された（$t(261) = 23.12, p<.00$，$t(261) = 22.12, p<.00$）。

（統計処理された結果の Table．Fig．については省略）

4　考察

　意識の変化では，調べ学習を「時間もかかり，面倒くさいもの」から「時間を忘れて，楽しみながら」へ，ネガティブからポジティブな感情表現へと変化したことから，外発的動機づけから内発的動機づけへと移行したといえよう。また，調べ学習への意識と行動は，高い正の相関（$r=.67, p<.01$）があることから，集団のなかで楽しみながら活動することが，調べ学習の活動を強化するものと考えられる。興味，関心を追求し続ける行動は，「調べる」楽しさと「知る」楽しさに支えられ，内発的動機づけを意識した教師のできる支援行動の一つと考えられる。今後は，取り組めなかった生徒に対して，友達と一緒に調べ学習をする，生徒の興味ある内容

の課題を準備するなど，個別の支援方法を探る必要がある。

II　JECA研究発表大会での理数分野に関連する発表例

吉井幸子　2002　SGEの柱を教科学習に取り入れ学力向上と人間関係作りを共に行う試み―算数科を中心に―

林　和弘　2004　シェアリングを教科の授業に取り入れ，人間関係作りと学習意欲の向上を意図した指導の試み―算数科―

原田友毛子　2004　習熟度別算数指導に於ける児童の自己効力感を高める教師の働きかけ

松崎学他7名　2005　学習機能と子どもの自主性と算数学力との関係

川添正行　2009　SGEを活用した理科授業の実践

III　研究へのコメント

　本研究は，理科の調べ学習について，教育カウンセリングの手法を取り入れた実践研究論文である。クラス集団の様子が不明のままのコメントであることをお許し願う。

　論文は，①問題と目的では，問題・意義・目的の内容，②方法では，質問紙・調査協力者・調査時期・方法・手続き，③結果では，t検定の結果，④考察では，意識の変化・行動の変化の結果から，教師支援行動についての提言とともに，取り組めなかった生徒に対する支援方法についての今後の課題について簡潔に整理されて述べられている。

　統計処理された結果であるので，説得力のある研究内容になっており，教師支援行動が大きな効果をもたらしたことがわかる。しかし，「集団のなかで楽しみながら活動することが，調べ学習の活動を強化するものと考えられる」ことはあまりにも自明の理であるので，むしろ「集団のなかで楽しみながら活動する」ことができるような集団づくりの過程に焦点を当てるところに力点を加えることで，もっと研究に厚みを増すことができたと思われる。

　かって，コメンテーターが高校で理科Iを担当していたころ，仮説実験授業を展開する前に，班ごとの話し合い・班ノートづくりのためにSGEを活用したことが思い出される。

　本研究のような「内発的動機づけ支援行動」をめざす場合は，教育カウンセリングの技法が有効なことが，表記の研究発表論文テーマ例のように認証されている。今後も有意義な実践・研究で大きな成果をあげられることを期待したい。

〔I：鹿嶋真弓，IIIII：加勇田修士〕

教科4　カウンセリングを生かした 保健・体育科分野の研究
SGEを取り入れて健康について学ぼうとする意欲を高める研究

I　研究の実際例

1　問題・目的

健康教育を推進していくにあたって常に課題となることは，児童が健康に価値を見いだしたり，実感したりすることの困難さである。

そこで，児童が健康に価値を見いだすことができるようにするために，『夢の実る木』というSGEを保健学習の導入として授業に取り入れた。この取り組みによって，自己の思いや願い，夢の実現を支えているのは健康であることを可視化し，健康に価値を見いだすことができるようにすることをめざした。

2　方法

第4学年保健学習単元「育ちゆく体とわたし」の第1時の導入として，SGE『夢の実る木』を取り入れた。これは，みかんの形をしたカードに，将来の夢ややってみたいことを一人一枚記入し，それを木の好きな場所に貼る。きまりとして，①友達の記載内容を否定したり，批判したりしないこと，②友達と話し合って記入してよいことを提示した。そして，何人かの児童に発表させることによって，他者理解が深まるようにした。教師からは，根元にある保健学習の学習内容が「栄養」となり，「健康」という太い幹が育ち，一人一人の夢ややりたいことの実現を支えていると『夢の実る木』を意味づけた。

3　結果

エクササイズ実施後のシェアリングで，以下のような他者理解の深まった姿と健康に価値を見いだしている姿が確認できた。

「普段あまり話す機会がなかったAさんがニュースキャスターという夢をもっているとは思わなかった」「B君が僕と同じ『医者になる』という夢をもっていたことに驚いた」「健康はすべての基本になるのだなぁと思った」「保健をきちんと勉強して，夢を実らせたい」

4　考察

SGEを通して，児童は健康に「夢ややりたいことの実現」という価値をみいだすことができた。健康について学ぼうとする意欲を高めることができた。さらに，それぞれの夢を認め合い，称賛し合う姿も確認することができた。今後の保健学習の実践においても，この『夢の実る木』に立ち返ることによって，健康について学ぼうとする意欲を高めていきたい。

参考文献　松本千明　2002　健康行動理論の基礎　医師薬出版

II 保健・体育科分野の研究例

　教科の特性として，自分自身の心と体にかかわる学習である。子どもの意欲や気持ちを配慮し，カウンセリングを十分生かした教科指導が望まれる。教科指導にも，次に示すようにロールプレイングやディベートなどの方法を取り入れると効果的である。

　(1) ロールプレイを取り入れた実践事例

　喫煙，飲酒，薬物乱用防止教育の多数の実践事例に，ロールプレイが取り入れられている。喫煙，飲酒，薬物乱用が健康へ悪影響を及ぼすことを知り，誘われたときの対処方法を理解させるのに，ロールプレイはとても効果的である。教師が誘う役を演じ，誘われる役を子どもに演じさせ，他の多数の子どもたちは観察者で行われる。ロールプレイ終了後の，誘われ役と観察していた子どもの，心の変化をていねいに扱うシェアリングが効果的である。

　(2) ディベートを取り入れた実践事例

　性教育の一分野である"性差"に関する指導にディベートを取り入れると，子どもが"性差"をより深く考えることができる学習に発展できる。"生まれ変われるとしたら，男がよいか，女がよいか"のテーマで，子どもたちがディベートで意見を戦わせたのであるが，"私のお母さんは，女なんて損だと言ってるから，私は男がよい"とか，"僕のお母さんは，いつも家にいて，楽そうだから僕は女がよい"などと，"家族"を通して，子どもは，性の社会学的な面を学習することができる。子どもたち全員から双方の意見を述べさせ，質問や批判，回答することで，価値観の違いに気がついたり，自由に意見を述べる楽しさを体験できるのである。

III 研究へのコメント ── SGEを，小学4年の保健"二次性徴"に関する学習単元の第一時に ──

　この実践事例は，思春期における心と体の変化に関する学習を効果的に進めるために，学習単元の始まりにSGEを取り入れたものである。この単元の学習内容は，子どもの体の発育急進期にかかわることである。身長や体重の急激な増加や体つきの変化，そして体のなかでも始まっている変化について知り，自分がおとなに近づいていくことを，子どもが肯定的に受けとめられるように指導することが教師に求められる。事例提供者は，"夢の実る木"のエクササイズで子どもに夢を語らせ，夢の実現を支えるのは，健康であることを理解させている。子どもが，健康に価値を見いだせるように，"夢の実る木"で"健康"を可視化させ，シェアリングで級友の夢を知り，他者理解を深めさせている。子どもは，この学習を通して，思春期の体の変化を肯定的に受けとめ，夢を実現するには毎日の暮らし方が大切なことを知るとともに，健康に生きようという強い意欲を感じるにちがいない。

〔I：久保田美穂，IIIII：村木久美江〕

教科 5 カウンセリングを生かした美術, 音楽, 技術・家庭科分野の研究

構成的グループ・エンカウンターを活用した授業が自己成長に及ぼす効果に関する研究

I 研究の実際例

1 問題・目的

家庭科は「人間が『生きること』について学ぶ教科」牧野（1996）であり，中学校家庭科の『家族と家庭生活』領域では，「自分の成長と家族や家庭生活とのかかわりについて考える」学習を行う。一方，日ごろ接する中学生の人間関係を構築していく力は，とても弱くなっている。そこで，自己理解・他者理解とリレーションの形成に役立つSGEを授業に活用したならば，生徒に自己の成長を見つめるとともに人間関係について考え，体験させるなかでその力を育てることができ，かつ，上述の学習内容の達成に有効と考えた。

2 方法

『家族と家庭生活』領域の学習過程のなかでSGEを活用した授業（5時間の計画）を行い，実施前後で筆者が作成した自己成長感の変化を調査し，SGEを活用した授業が自己成長に及ぼす効果について検証した。200X年にA中学校3年生を対象とし調査・実験（授業の実施）を行った。統制群としてB中学校3年生にも同じ調査を行った。

学習課題にあたるエクササイズは，自分が作る「家庭」を考える学習活動のなかで，人間関係を作り，継続していくためには気持ちを伝え合うこと，そのためには伝える自分の気持ちや価値観を理解すること，と同時に相手の気持ちや価値観を理解しようとすることが大切であることに，体験を通して気づくことをねらいとし，作成・選定した。

題材	目標	各授業でのエクササイズ名
第1時：家庭を作るとは？	家族文化の違い・他者理解	あなたはどっち？
第2時：虐待しないために	自分の成長課題を見つける	1) 自分の現在地～EQ～
第3時：親になる意味	発達課題・将来を考える	2) 親になること・ならないこと
第4時：自分の価値観	価値観の明確化・他者受容	3) 結婚するならどんな人？
第5時：自分の生活設計	生活の多様性に気づく	4) 30歳の私からの手紙

3 結果

尺度得点を比較するために対応のないt検定を行った。事後調査の統制群と実験群，実験群の事前・事後調査において，自己成長感尺度の「自己表現への積極性」「学習への積極性」「人

参考文献
1) 大串清　1999　私の親しみやすさは？國分康孝（監）エンカウンターで学級が変わる高等学校編　図書文化
2) 3) 牧野カツコ　1996　人間と家族を学ぶ家庭科ワークブック　国土社　を改変・提示方法の変更を行う。
4) 川崎知巳　1996　25歳の私からの手紙　國分康孝（監）エンカウンターで学級が変わる中学校編　図書文化

間成熟への積極性」の3因子に関して有意な差が認められた。

（振り返り用紙の評定部分と自由記述部分についても分析を行ったが，ここでは省略。）

4 考察

上述の結果から，今回のSGEを活用した授業（5時間プログラム）は，自己成長感尺度の「自己表現への積極性」「学習への積極性」「人間成熟への積極性」の3つの下位尺度に関して，効果があったという可能性が示唆された。また，振り返り用紙からは回を重ねることでSGEの形態にもなれ，自己を深く見つめることができるようになった様子が観察された。今後は，取り組みやすい提示の方法の検討とともに，中学生の成長を促す教科授業でも活用できるエクササイズ開発にも取り組みたい。

II　JECA研究発表大会での美術・音楽・技術・家庭科に関連する発表例

町田純子　2001　カウンセリングを生かした家庭科の授業—イメージワーク・エンカウンター・絵図技法を組み合わせた試み—

西村修子　2002　美術教育とカウンセリング

中嶋清子　2003　SGEを生かした授業—家庭科の授業実践から—

伴野直美　2007　構成的グループ・エンカウンターを活用した授業が自己成長に及ぼす効果に関する研究〜セルフモニタリングの視点を通して〜　＊本文例示研究

原澤康明　2008　音楽療法的視点からみたコミュニケーション

伊都紀美子・木戸里香　2009　特別支援教育における造形教育アプローチに関する一考察—調査結果による教材と指導のポイント

III　研究へのコメント

家庭科の教科目標をおさえたうえで，SGEを活用しながら，家庭科「家族と家庭生活」領域での授業を進め，生徒の自己成長感を量的・質的に検証した優れた実践研究論文である。

ただ，紙数が少ないため無理もないが，次の点について説明がほしいところである。

1　5時間の授業の内，各時間SGEにどのくらい時間を割いたのか説明が必要である。
2　振り返り用紙や自由記述について，要旨をもうすこしつけ加えたい。
3　「自己成長感尺度」には，行動・性格，学業・キャリア等の目標や，ストレスフルから健常一般を対象とするものなどさまざまである。作成された「自己成長感尺度」作成の重点・特色や下位尺度又は因子（例示された3因子以外の）を示してほしい。
4　統制群・実験群の3因子の有意な差について数値で示すようにしたい。

〔I II：伴野直美，III：池場望〕

教科6　カウンセリングを生かした**外国語分野の研究**
育てるカウンセリングの導入による交渉力向上

I　研究の実際例（埼玉県立伊奈学園総合高等学校平成17年～19年SELHi指定研究の要約）

1　問題・目的
　本校のこれまでの英語教育では意見を述べることに力点が置かれ，相手の意見を傾聴したり対立する意見から合意に達する能力の開発が不十分であった。それらをネゴシエーション能力と定義し，その能力開発をめざしたカリキュラムを3年間にわたって実践し，その効果を検討する。構成的グループエンカウンターの理論と技法を導入することでネゴシエーション能力開発が促進されると考える。

2　方法
　語学系英語選択の高校1年生100名を対象とする。ふれあいと自他理解をねらいとしてハートウォーミングメッセージの交換や授業開始時の1分トーク＆レポートを継続的に実施。量的検討のために英語力（reading, writing, listening），速読力，スピーチ，プレゼンテーション，ディスカッション，ディベートおよびネゴシエーションについての生徒の意識調査（5段階）を事前事後で測定。質的検討としてスピーチ発表時の生徒のメッセージ，生徒の自由記述，教師の観察記録およびビデオ録画を実施。これらによってその効果を検討する。

3　結果
・聞く，読む，話す，書く，すべての英語力およびネゴシエーション能力が向上した。
・内面的なよい変化を自覚する生徒が増え，相手の話を主体的に聞く態度が随所で観察されるようになった。

4　考察
　研究対象生徒のビデオ録画から3年間の大きな変化がみられた。英語で積極的に，かつ相手の気持ちをくみながらコミュニケーションを図っていた。その変化は育てるカウンセリングの技法を取り入れなかった前年度の生徒との比較において数値的にもみることができた。よって育てるカウンセリングを取り入れることで交渉力向上が促進されるという仮説はある程度検証されたと考えられる。ただ，データの収集方法やその分析には不慣れなことも多く，効果測定と数値データの正確な分析が今後の課題である。また，何より3年間の実践を今後も継承発展させていくことが最も重要な課題だと考える。

参考文献　埼玉県立伊奈学園総合高等学校発行　2008　平成19年度伊奈学園総合高等学校スーパーイングリッシュハイスクール研究開発実施最終報告書

用語解説　SELHi：スーパーイングリッシュランゲージハイスクール

II　JECA研究発表大会での外国語分野に関する発表例

小倉ちひろ　2000　英語嫌いと楽しく英語を―授業に活かすカウンセリング―

III　研究へのコメント

　本研究は，英語教育に教育カウンセリングの手法を取り入れた実践研究論文である。左頁の研究目的，方法，成果の概要を読んだ範囲でのコメントであることをおゆるしいただきたい。

　英語教育においては，まずは自分の意見を構築して，それを発信する力や，相手の意見を聞いてネゴシエートするという双方向からのコミュニケーション能力を身につけることが求められているといえる。そのネゴシエーション能力を高めるための素地づくりとして，教育カウンセリングの手法を活用したのが本実践研究論文である。教師－生徒間，生徒同士の感情交流があることで，生徒は積極的に活動に取り組み，お互いにプラスのフィードバックを与え合い，活動を行ううえでの磨き合いにつながったといえる。また，生徒たちの傾聴（Active Listening）するスキルを育てることで，温かい雰囲気のなかで自分の意見を発表することができ，発表のしやすさにつながったといえる。

　森口ら（2009）は，ネゴシエーション能力を「相手と対立せずに，相手との意見を聞いた上で自分の言うべきことを伝え，課題を解決するという建設的なプロセス」と定義している。ネゴシエーション能力を育てていくうえで，自他尊重の自己表現といえるアサーショントレーニングの考え方や技法を学ぶことも有効であるといえ，お互いに共有できる話し合いの基盤をもつことにつながるだろう。ネゴシエーションするにあたっては，結果に至るプロセスが大事であり，時には相手と折り合いをつけることも求められる。そのため，構成的グループエンカウンターやソーシャルスキルトレーニングを取り入れ，グループで合意形成をめざした話し合いを行ったり，自分の感情をコントロールすることを学ぶことなども大切といえる。

　ネゴシエーション能力を測定できる尺度を用いるとよいが，現在のところ，高校生対象の尺度は作成されていないため，本研究においては生徒の意識調査を実施したものと考えられる。研究内容をより説得力のあるものにするために，調査の結果をt検定などによって統計処理をして，検証を行うことが求められる。質的研究については結果の一般化が難しいといえるが，生徒の内面の理解を測るのであれば面接法を取り入れることも一つの方法であっただろう。また，具体的に教育カウンセリングのどのような考え方や方法を英語教育に取り入れていくことで効果的であったのかを提示したり，実施した活動内容をプログラム化することによって，英語教育における教育カウンセリングの手法の活用について示唆を与えられることと思われる。

〔I II：阿部明美，III：阿部千春〕

参考文献　森口竜平・日潟淳子・小山田祐太・齊藤誠一・城仁士　2009　ヒューマンコミュニティ創成マインド評価尺度改訂版の開発　神戸大学大学院人間発達環境学研究科研究紀要，3，1，87-91．

第2章 授業にカウンセリングを生かす研究

> **領域1** カウンセリングを生かした**道徳領域の研究**
> アサーションを使った道徳公開講座

I 研究の実際例

1 問題・目的

　本研究が行われた中学校は東京から約140km南の小さな島にある。小中併設校で，中学生は1年生1人，2年生3人，3年生2人の合計6人に対し，教職員は13人。小人数の閉鎖的な社会のなかで大切に育てられている。卒業すると高校進学のため一人で上京するのだが，最近は高校を中退する生徒が増えてきた。マージャンや酒の席などに誘われ，翌日の授業に出ることができず単位を落としたり，学校を辞めていく生徒がでていた。そこで，いざというときにしっかりと断る力を身につける必要があると考えた。平木（1993）を参考にアサーショントレーニングを学校全体で取り組んだ。

2 方法

　2学期には，大島警察署職員による薬物防止教育（保健2時間）。3学期に，本報告のもとになる合同授業「勇気を出して断る」（道徳2時間，国語1時間の3時間扱い）を実施。

　1時間目　道徳：担任による「勇気を出す」の道徳の授業
　2時間目　国語科：上手な断り方について学ぶ。
　3時間目　道徳地区公開講座：主題「人として生きる，強い意志」勇気ある行動，断る勇気（自己主張的な行動）を育む。学習活動指導案の詳細は，梅田（2002）を参照。はじめに，新聞記事を材料に，勇気を出すことの意味を考える（学校長が分担）。活動の中心は，エクササイズ「きっぱりと断る」であり，①断る場面を想定して，ワークシートに断るコトバを記入する。②シートに記入したコトバを使って生徒（6人）と教員（2人）がロールプレイを演じながら，きっぱりと断る練習。

3 結果および考察

　授業後の振り返りシートでは，①「勇気を出して断ることの大切さを理解できたか」の問いに（a）とてもよくわかった3名，（b）わかった3名。②「勇気をだして断ることができたか」では（a）とてもよくできた3名，（b）できた3名と答えていた。感想は断ることの難しさについて述べていた。保育園からのつきあいの集団のなかで「断る」ことはとても難しいことなのであろう。感想にその難しさについて6人中5人が書いていた。授業の後で観光客の誘いを断ることに成功したと報告してくれた生徒がいた。

参考文献
平木典子　1993　アサーショントレーニング—さわやかな「自己表現」のために　日本・精神技術研究所
梅田多津子　2002　アサーションを使った道徳地区公開講座　日本教育カウンセラー協会全国大会発表論文集，88-89.

II 関連したトピック

【道徳的実践】

　徳目主義になりがちといわれるわが国の道徳教育だが，学習指導要領では，「道徳的な心情，判断力，実践意欲と態度などの道徳性を養うこと」，とその目標を記述している。責任感とか自主性というコトバを知っただけでは，道徳教育が実を結んだとはいえない。そのため，教師の説話だけでなく，さまざまな指導方法を使い分けることが勧められている（小野寺・藤永，2009）。特に，コミュニティ・ライフを想定し，生活のなかでの問題解決力の育成をめざして，総合的な学習活動の時間や特別活動と連携したさまざまな体験活動が導入されている。

　梅田氏と同じように中学校の道徳の授業でのアサーショントレーニング（AT）の効果を検討したものに廣岡・廣岡（2004）がある。「断るのはむずかしい？」も取り上げられている。特に，研究論文を作成する人には，AT実践の効果測定の方法が参考になる。

【態度変容の研究から】

　「薬物に手を出さない」「勇気を出して断る」という行動は，社会心理学の態度の形成・変容や健康心理学の健康教育の研究に重なる。これらの領域の研究文献にも目を通したい。

III 研究へのコメント

【小さな集団】

　島で生まれ，保育園，小学校，中学校と，小さな閉鎖的な集団のなかで育つ子どもたち。互いを理解し親しくなれるというプラス面がある反面，学業でもスポーツでも能力が固定し，勢力関係が固定化するというマイナス面がでてくる。そこで，この実践では，全教員がロールプレイに参加して，生徒に対して薬物の勧め役になった。梅田（2002）は，「生徒同士のほうがより深く状況を理解しとらえることができたかもしれない」と書いているが，教師を事前に訓練することにより，場面がより現実味を増すという効果が期待できる。

【アサーショントレーニング】

　この実践に先立ち，梅田氏は自身，ATの研修に参加している。また，この学級では，すでにSGEが学級経営で取り組まれてきた。そのため，ATそのものの導入プログラムが簡略化できた。1・2時間目および本時の学校長の話が，当該の問題に対する生徒の自我関与を高めた。ワークシートを使って「断るコトバ」を事前に考えたことにより，ロールプレイが円滑に進行したものと評価できる。

〔I：梅田多津子，II III：河野義章〕

参考文献
小野寺正一・藤永芳純　2009　道徳教育を学ぶ人のために　世界思想社
廣岡雅子・廣岡秀一　2004　中学生のコミュニケーション能力を高めるアサーション・トレーニングの効果―授業での実践研究―　三重大学教育学部研究紀要，教育科学，75-90.

領域2 カウンセリングを生かした特別活動領域の研究

生徒の関与場面の増加による修学旅行の満足度の向上に関する研究

I 研究の実際例

1 問題・目的

　生徒の関与場面を意図的に増加させることにより，修学旅行を「自分たちでつくりあげる意識」が高まり，それが満足度の向上につながると仮定して，振り返り用紙や半構造化面接の結果から多面的に検討することを本研究の目的とした。

2 生徒が参加する修学旅行の準備の内容

　生徒の関与場面を表1に示す。準備は学年評議会（学年のリーダー集団。以下「学評」と略す）が他の生徒の意向を求めて原案を作成し，学級会や学年総会等において生徒全員で合意形成する手法を取った。3年次の班編成については（表1⑥），教員から編成の三要件（孤立生徒のケアと自制できる関係性，公平性の保持）のみを伝達，これを基に学評が行った。

　また，教員がリーダーとなり，生徒が思いを語る，全体シェアリングを意識した学年集会を出発1か月前に開いた。精神的動揺が激しく，配慮を要する生徒や自己主張できない生徒，逸脱行動が見られる生徒等が進んで挙手し，やりぬく意思が語られ，がんばろうというムードが復活した。これは旅行終了まで保持された。

表1　生徒たちが行った，年次ごとの準備内容

2年	①修学旅行の目標決定
	②活動中心地の決定
	③体験学習の集計・分析と最終決定
	④最終日の行動形態の決定（＝班行動）
	⑤学評による全体日程略案決定と学年総会でのプレゼンテーション実施と学年の決定
3年	⑥学評による班編成（好きな者同士でない）
	⑦自分たちの力だけで行うしおりの確認

3 結果

　効果測定には10％ごとに10段階で満足度を問う1項目と4件法で答える25項目から成る振り返り用紙が用いられた（回答数117）。満足度80％以上が85名（72.6％）であった。また，25項目のうち，20項目で肯定的な回答傾向が70％を超えた。

　満足度が高いほど年数を経過しても記憶強度は強いという仮説のもと，卒業1年後に学評メンバー5名を対象に半構造化面接を実施した。設問は，①覚えている場面，②班行動や班会議の様子，③自分たちでつくりあげた実感の有無，④修学旅行の取り組みのなかで，今の生活に生かされていること，の4点であった。

参考文献
百瀬光一，下田好行　2005　特別活動と総合的な学習の時間・道徳との関連的な指導に関する研究―関連的な指導の共通性と独自性に着目した単元づくりの試み―　日本特別活動学会紀要，13.
木原孝博　2000　望ましい集団活動　日本特別活動学会編　キーワードで拓く新しい特別活動　東洋館出版社

生徒たちは2年次の全体日程略案の検討と決定（表1⑤）を最も強く記憶していた。

　また，教員が方向修正をしてくれる，という安心感（「土台」と表現）をもとにして自分たちの力で50％以上を創りあげた実感が示された。一方で，班行動での不全感や強い拘束感，生活面を中心とした他のメンバーとの乖離感が語られた。

❹ 考察と課題

　本実践により修学旅行を成功させ，満足度を高めた生徒の姿が推測された。

　学評に重点づけて考察すると，「土台」を一種の安全装置と認知する一方で，規制・抑制するものというアンビバレントな認知が提示された。また，他のメンバーとの意識のずれも提示された。これらから考えると教師―学評間，学評―生徒間の2水準の「意識の差」（「意識の切断面」とも換言できる）の存在が推測される。

　本研究の課題は，測定用具の開発とこの「意識の差」を解消する方法を検討し，モデル化して実践したうえで，その効果を丹念に検証することにある。

Ⅱ　JECA 研究発表大会でのその他の発表例

吉井幸子　2002　サイコエジュケーションを取り入れた学級づくりの試み

中橋美登里　2003　生徒会活動への教師のかかわり方と生徒の人間関係の変容

安部明美　2007　中学校における継続的スペシフィック SGE が学級に及ぼす影響

出井智子　2009　クラス内のコミュニケーションによるアサーション・トレーニングプログラムの有効性

Ⅲ　研究へのコメント―シェアリングを効果的に取り入れ，生徒の自己有用感を高める

　この実践事例は，自己有用感を計画的に育むことにより，修学旅行から得る満足度を高めることをねらっている。まず，目標，活動中心地，班編成，班行動などは，学級会や学年総会等において生徒全員で合意形成する方法をとっている。班は，教員からの現実原則（編成3要件）に基づき，リーダーが編成している。受け身だったメンバーの意識も全体シェアリングにより他生徒の感情にふれ，修学旅行への期待が高まった。集団の中に自分の居場所があるという感覚が，行動する力の源泉になったと思われる。

　リーダーとメンバーの意識の差は，リーダーが全体日程略案の検討と決定といったマネジメントに意識が向かっているのに対し，メンバーは，活動中心地の決定，最終日の行動形態と班編成であったと思われる。旅行後，教員も加わって「感じたこと」「気づいたこと」をシェアすることがリーダーとメンバーの一体感を育むことにつながると考えられる。

〔ⅠⅡ：髙橋浩二，Ⅲ：森沢　勇〕

参考文献　髙橋浩二　2009　リーダー集団の関与場面の増加による生徒たちの満足度を高める実践の試み―修学旅行計画作業とその実践を通して得られたもの―　日本特別活動学会紀要，17．

> **領域3** カウンセリングを生かした **総合的学習の時間領域での研究**
> 課題設定，課題追究，振り返りにグループアプローチを生かす

実践報告は多いが研究はこれから

　総合的な学習の時間では，自ら課題をみつけ，主体的に問題解決に取り組み，生き方を考えるというねらいをもち，仲間とかかわり合い，見方や思い，学び方を知ることで自分の考えを確かなものにしていく。このような課題設定，課題追究，振り返りの場面にグループアプローチを取り入れ，活動を活性化した実践は多いが，効果を検証した研究は少ない。

Ⅰ 研究の実際例

1 問題・目的
　総合的な学習の時間の導入時における構成的グループエンカウンター（以下SGE）の実施が，人間関係に好影響を及ぼし，結果として盛んに相互交流が行われることを検証する。

2 方法
①「人間関係チェックリスト」（國分, 1987）をSGEの実施の前後に実施し，両者を比較する。
②事前・事後での推移から，A：高評価がさらに高まったタイプ，B：事前事後であまり変化のないタイプ，C：人間関係づくりが苦手だが，実施後，自己評価が高まったタイプの3つに分けて考察する。
③1時間の授業で「一対一」や「多人数」に話しかけた回数をカウントして考察する。
④会話や話し合いの内容，これからの活動への期待についての自己評価を考察する。

3 結果
①「人間関係チェックリスト」の6項目について実施前後のt検定の結果，4項目で5％，1項目で1％，1項目で10％水準で有意差があると検定できた。
②「また，事前・事後での個人の調査でも，事後に低く回答する生徒はごく限られた生徒であった。
③話しかけた回数では，「一対一」は約3倍，「多人数（グループ全体への話しかけ）」は4.5倍になった。
④自己評価では，「普段話さない人とも」，「すごく話せた」「話せた」が80％，「課題の決定にグループ内の相談が」，「非常に役立った」「役立った」95％，「これからの学習が」，「すごく楽しみ」「楽しみ」が95％であった。

参考文献　JECA研究発表大会の総合的な学習の時間に関連する発表
例1　吉沢克彦　2000　構成的グループエンカウンターが「総合的な学習の時間」の課題設定に及ぼす効果
例2　吉沢克彦　2001　構成的グループエンカウンターの総合的な学習の時間での活用の研究—"エクササイズポストイットブレスト"の活用を通して—

4 考察

 総合的な学習の時間の導入時にSGEを行うことで相互活動が活発になり，追究課題が決まり，意欲が高まっていた。「総合」を成功させる一つの鍵を構成的グループエンカウンターが握っている。

 以上は次の論文を要約した。構成的グループエンカウンターが「総合的な学習の時間」の課題設定に及ぼす効果（吉澤克彦　2000　日本教育カウンセラー協会研究発表大会発表論文集）

II その他のテーマ

 総合的な学習の時間では，体験的で問題解決的な学習を進める。そのために地域の特色や人材を生かした単元開発や弾力的な学習集団の運営に取り組んでいる。弾力的な集団の運営のためには，仲間とかかわり合う場を設定し，学び方や対象に対する見方，思いを知り，考えを確かなものすることが重要である。

 総合的な学習の時間を活性化するためには，グループアプローチを取り入れ，他者理解や自己理解を深めるようにしたい。それぞれの学習段階で取り組んでほしい研究テーマとしては以下の内容が考えられる。

(1) 課題を設定する段階

 課題設定や課題発見で問題意識を掘り起こす場面にSGEのエクササイズを取り入れ，その効果を検証する。

(2) 課題を追究する段階

 地域に出かけて取材したりインタビューしたりするために，ソーシャルスキルトレーニングのスキルを活用する。また，グループ活動を取り入れることで，地域の人や仲間の考えを聞き，自分の課題に向かって考えを深めることができることを検証する。

(3) 追究を振り返る段階

 学習したことを共有する場面や学習活動を振り返る場面にSGEのエクササイズやシェアリングを取り入れ，その効果を検証する。

研究推進の期待

 「学び方やものの考え方を身につける」「自分の生き方を考え，その確立を図る」ために個別の学習と集団の学習を組み合わせ，効果的に授業を進めるようにしたい。ところが，話し合いの場面では，相変わらず教師主導の一斉指導を行っている教師が多い。

 これらは総合的な学習の時間にグループアプローチを取り入れ，友達とのかかわりのなかで，学び方，ものの考え方，生き方が身につくようにしたい。そのような総合的な学習の時間の活動を検証し，推進する研究が増えることを期待している。

参考文献
例3　岩田和敬　2002　サイコエジュケーションをめざした「総合的な学習の時間」の展開
國分康孝（監）　2000　エンカウンターで総合が変わる　小学校編　中学校編　図書文化
國分康孝　1987　大学生の人間関係のプログラムに関する男女比較研究　相談学研究

Ⅲ 研究へのコメント

　新学習指導要領では「総合的な学習の時間」の必要性・重要性が再確認され，各学校では確かな学びの成果が出るような教育課程のデザインが求められている。しかしながら，効果を検証した論文は少なく，今後の研究が望まれている分野である。本研究は，「総合的な学習の時間」の導入時における構成的グループエンカウンターの実施が及ぼす効果について検証した実践研究論文である。個々の子どもの能力を高めることが目的であっても，その過程においてはグループアプローチを取り入れた実践が教育効果を高めるという指摘は，これからの「総合的な学習の時間」をデザインするうえで注目されるべき点だと考えられる。

　論文は，「人間関係チェックリスト」と授業で話しかけた回数および自己評価をタイプ別に分類し，課題設定におけるグループアプローチがどのタイプの子どもに効果があるのかを明らかにして，全体および個について考察している。さらに，導入時の内発的動機づけが「総合的な学習の時間」に培いたい力の何に効果があるのかについての検証も今後望みたい。

〔ⅠⅡ：水上和夫，Ⅲ：根田真江〕

第3章

リサーチとはどういうものか

本章では，リサーチの基本的なところの理解をめざす。すなわち，リサーチとは何か，リサーチの手順，データ収集の方法，分析の方法，結果の考察の仕方と研究の倫理などについて，取り上げる。さらに具体的に研究計画を作る作業については，次章にて述べる。

第3章 リサーチとはどういうものか

第1節 リサーチとは

本節では，リサーチの基本的な意義の理解をめざす。すなわち，①リサーチのめざすもの，②リサーチの役割，③教育におけるリサーチの意義，④カウンセリングにおけるリサーチの意義について取り上げる。これらを通して，リサーチの心得を理解していただきたい。

I　リサーチのめざすもの

私たちは，何のためにリサーチ（研究）を行うのか，これについてまず確認をしておきたい。

1　子どもたちのために

研究のための研究という「言い方」がある。いわゆる研究実績を作るために研究を行うケースである。私たちの研究は，このようなものではない。教育カウンセリングの研究は，その対象者である児童生徒などの幸福のために行うのである。子どもや保護者・教師などを対象とした教育カウンセリングの実践に少しでも役に立つことを願って研究を行うのである。研究を計画する際にも，研究を終えてそれを論文にまとめる際にも，自分の研究が対象者の幸福と，どのようにつながるのかを意識する必要がある。

2　客観的に自分の実践をみつめるために

日ごろの教育カウンセリングの実践活動がうまくいっているのか，あるいは反対にうまくいっていないのかについて，感じるところがあるだろう。そうした日常的な感覚のもと，うまくいっていると思う場合は自信になり，まずいところがあったと思えば，反省が生まれる。自分の実践についてのこのような日常的な振り返りは，主観的なものにすぎないので，思い込みなども混じる。主観的な振り返り自体の大切さを認めたうえで，さらに客観的に振り返ることの重要性を強調したい。実践活動を研究するということは，自分の実践を研究という舞台にのせ，主観的ではなく客観的にみつめるということである。主観的な振り返りでは，概して人は甘くなったり辛くなったりしがちであるが，客観的な振り返りでは，そのようなバイアス（偏り）がなく自分の実践をみつめることができる。

3　実践の交流のために

「井の中の蛙」になることを避けたいと思ったら，見聞を広くもつ必要がある。いろいろな人の本を読んだり，研修会で話を聞いたりすることが，見聞を広くするための基本であるが，それだけでは不十分である。自分の実践活動をほかの人にみてもらい，同じような問題意識を

もっている者同士で，意見交換をすることまで進まないと，実践者としての見聞は広がらない。自己の教育カウンセリング実践を研究し，それを公表することによりはじめて，自分の実践について意見交換する機会をもつことができる。

❹ 励まし合う・勇気づけ合うために

自分の行った実践やその問題意識について，必ず興味をもってくれる人がいる。先輩格の人もいれば同じくらいの経験の人，あるいは後輩格の人もいるなど，うれしい。教育カウンセリングの研究交流の場合，同じく実践する者同士が意見交換をする。これが，単に意見交換に留まらない強みである。互いに実践者として，実践を行う者の苦労を知っているので，共感が生まれやすい。そして，いつの間にか，励まし合ったり，勇気づけ合ったりするようになる。このようにして，よりよい実践者が生まれ，実践も優れたものになっていく。

Ⅱ リサーチの役割

教育カウンセリングの研究は，実践の単なる報告とは異なり，実践をよりよくするための仮説をもって研究をしたり，あるいはそのような仮説を見いだすために研究を行う。これは，重要なことなので，詳しく述べてみる。

❶ 仮説を検証する

教育カウンセリングの場合，「このようにすればもっとよくなるのではないか」という実践の改善・工夫が，研究の芽だといえる。実践のなかに改善・工夫のアイデアを見いだし，それを実践した結果，その改善・工夫のアイデアが，何らかの形で有効であったことを示すことが研究である。実践の単なる報告と言われるのは，実践のなかに改善・工夫のアイデアがみられなかったり，あるいはアイデアが存在しても，それが何らかの形で有効であることを示そうとしない場合である。それゆえ，研究のおもな役割は，実践活動をよりよくするための改善や工夫の効果を確認することにある。「このようにすればもっとよくなるのではないか」の箇所を仮説（〜すれば，〜になるだろう）として表現して，そのような仮説を検証することが研究の基本的役割である。

❷ 仮説を見つけだす

実践の改善点・工夫点がまだ明確にわかっていない場合もあるだろう。例えば，実践がうまくいかない，何が問題なのだろうか。その問題点を見つけ，実践をよりよくしていくためポイント（仮説）をつかみたい。それも研究である。あるいは学級の子どもたちに意欲がみられない。その意欲の低下の原因は何であろうか。また，学級の子どもたちが意欲をもつ場面は何であろうか。これらの点に着目して子どもたちの意欲を高めていくためのポイントを見つけたい。このように，「このようにすればもっとよくなるのではないか」という仮説がまだわからない

場合，その仮説を見つけ出すことも研究の重要な役割となる。

Ⅲ 教育におけるリサーチの意義

　児童生徒の知識や技能の習得ならびにその人間的な成長を図るために，教師側が意図的な働きかけを行うことが教育だといえよう。このような意味で教育をとらえるならば，教師の意図的な働きかけが，子どもたちの知識や技能の習得ならびに人間的成長に対して，いかなる影響や効果を与えたのかについて調べることが，教育におけるリサーチの基本的な意義になるだろう。この調べ方について詳しくみておきたい。

1 教育における研究の構造と変数について

　$y = f(x)$ の関数式を思い出していただきたい。この式は，x の値によって y の値が決まることを示している。このとき，x を独立変数，y を従属変数と呼んでいたことも思い出していただけたと思う。上述したように教師の意図的な働きかけが，子どもたちの知識や技能の習得ならびに人間的成長に対して，いかなる影響や効果を与えたのかについて調べることが，教育におけるリサーチの基本的な意義なので，教育におけるリサーチの基本構造は，教師側からの働きかけを独立変数，子ども側の知識・技能の習得や人間的な成長の度合いを従属変数と考えるところにある。

　教師側が行う意図的な働きかけは，授業などの学習指導のほかに，生徒指導や進路指導，学級経営や学校経営もある。そうした系統性をもった教師の活動のほかに，日常的な場面における教師のほめ方やしかり方，表情や態度なども，教師側の働きかけとなる。こうした教師の個々の働きかけを独立変数として考え，それによって直接もしくは間接に影響を受け生じる子ども側の変化を従属変数としてとらえ，この独立変数と従属変数とに関係がみられたかを調べていくのが研究の基本的意義といえる。

　もう少し具体的にみていくならば，ある教科の教材研究をしていて子どもたちが興味をもつと思われることを見いだしたとしよう。それを授業の中心部に提示すれば，子どもたちの興味・関心を刺激して，授業の内容の理解も深まるだろうと考えたとする。このことを研究の舞台にのせることを例に用いてみよう。まず最初に独立変数と従属変数を決めることが求められる。この例では独立変数は，興味ある教材の提示ということになるであろうか。これまで，まだ教師が取り上げていないような教材を授業のなかで取り上げること自体の影響や効果を調べようとするのであるから，独立変数はこれでよいであろう。さて問題は，従属変数である。教師としては，その授業に子どもたちが，どれほど興味・関心をもつのかを，まず知りたいのである。それゆえ，本授業に対する子どもの興味・関心は従属変数として欠かすことはできない。子どもの興味・関心は，授業直後のアンケート調査の回答で調べてみることにしよう。また，単に

興味がもてた授業だけでは意義が小さいので、子どもたちの理解の深まりや広がりの度合いも従属変数に加えておきたい。こちらのほうは、授業での子どもたちの発言記録により、子どもたちの思考の動きを調べてみよう。従属変数をあまりたくさん用意しても、独立変数との関係の薄いものは、仮に関係がみられても、「それはどうして関係がみられたのか」について後で考察するときに困るので避けたほうがよい。そこで、以上の子どもの興味・関心と理解の深まりや広がりの度合いの2点を従属変数として決めることにしよう。

さて、次に大事な点は、独立変数と従属変数とがどのようなときに関係があったと判断するか、ということである。本格的に研究を行うとなるならば、統制群を設ける方法がある。授業の工夫を施さなかった学級（統制群）と工夫を施した学級（実験群）の間で、従属変数に違いがみられるかを比較するのである。その比較の結果、実験群が優れていれば、独立変数と従属変数とに関係がみられたと理解できる。他方、実験群と統制群の結果に違いがないとなったら、独立変数は効果がなかったという結論になる。

普段の実践研究では統制群を設けることはむずかしいといえる。それゆえ、教育におけるリサーチでは、統制群を設けることは少ない。そこで、従属変数の結果が授業のねらいを、どのくらい達成できたといえるのかを判断することが多い。従属変数の結果が、授業のねらいを達成している水準であれば、独立変数と従属変数とに関係がみられたと理解できる。しかし、従属変数の結果が授業のねらいの達成として不十分と判断された場合は、その独立変数は効果がなかったということになる。

❷ 見逃せないもうひとつの変数—介入変数

教育は科学と芸術の両面をもつ。工夫を施した授業では、教師は意欲に満ちた指導を展開できる。こうした特別な事情が、上述の従属変数の結果に影響することは十分に考えられる。介入変数とは、従属変数に影響を与える独立変数以外の変数である。いわば、想定外の独立変数である。

ピグマリオン効果についてご存知であろうか。教師が生徒に高い達成を期待すると、その生徒は期待されない生徒よりも成績が伸びたという実験から、教師期待効果ともいわれる。その後の研究により、教師は期待をもつ生徒と期待をもたない生徒とで、明らかに異なった行動を行っていることが判明した。例えば、期待をもてない生徒が教師から指されたときに「わかりません」と答えても、教師はヒントをあげたり、回答時間を延ばしたりすることはなく、すぐにほかの生徒の指名に移る。これに対し、期待をもつ生徒の場合は、教師が実にていねいな対応を行っている。このようにみてみると、教師の期待（独立変数）が直接に生徒の成績の向上（従属変数）に影響を与えるというよりも、教師の生徒に対する実際の対応の違いが影響したと考えられる。この期待をもつことから派生した教師の対応の違いが介入変数である。このよ

うに，独立変数以外に，従属変数に影響を与えると考えられる変数—介入変数—を知り，考察ではそのことにふれる必要がある。

Ⅳ カウンセリングにおけるリサーチの意義

　教育とカウンセリングとは，ともに対象者の発達を図るという目的においては共通しているが，対象者に対する働きかけの仕方はだいぶ異なる。すなわち，教育の場合は規格的な働きかけが主となるが，カウンセリングの場合は対象者の個別的事情に応じた非規格的な働きかけが主となる。そこに違いがあると考える。

　カウンセリングが非規格的な働きかけである理由は，対象者の個別的な事情に対応するというカウンセリングの特質に由来する。したがって，同じような働きかけが，同じ効果をもつとは限らない。ある不登校の中学生のケースで，「あれ買ってくれ，これ買ってこい」とうるさく言う中学生に，父親が給与明細書を見せ「これがお父さんの給料のすべてだ」と言ったところ，その後，「あれ買え，これ買え」とは言わなくなったという。他方，同じように不登校をしていて，やはり何でも「買ってくれ」とうるさく言う中学生に対して，父親が給与明細書を見せたところ，「こんな少ない給料で，これまでよく威張っていたな」と怒って，それからよけいに父親を責めることが多くなったという。この両者の違いは，父親の普段の態度やそれまでの父子関係，その他の家族との関係などの諸事情が両者で異なっているためと考えられる。このようにカウンセリングの場合，規格的な働きかけが成立しにくいのである。それゆえ，カウンセリングの場合，「～すれば，～なるだろう」という独立変数と従属変数との関係づけは単純ではない。そのことを承知して，カウンセリング面接の場合を例に引いて，次のような点をあげておきたい。

① 従属変数に影響を与えた独立変数を特定化していく

　カウンセラーとクライエントとの数回にわたる面接の結果，主訴が解決したとしよう。

　このようなケースは，カウンセラーの働きかけ（独立変数）が適切であったので，主訴（従属変数）が解決したという図式で研究され，発表されることが多い。この図式自体はよいとしても，より具体的にカウンセラーのどのような働きかけが，そのクライエントにとって適切な対応となったのかを特定しないと，実践に役立つ研究としての意義は見いだしにくい。

　医学分野では，偽薬効果（プラセボ効果）が有名である。薬を飲むこと自体が患者によっては効果をもつこともあるので，薬の真の効果を試験するときは，乳糖など生理作用のない偽薬を与え，それとの比較を行うのが通例となっている。カウンセリングの場合でも，カウンセラーの働きかけの効果というよりも，カウンセラーに話を聞いてもらえたことが主訴の解消に結びつくことがある。カウンセラーのどのような要素が主訴の解消に結びついたのかを特定するに

あたっては，クライエントの表情や態度，言葉を細かく観察し，それらとクライエントの変化の大事なところは記録に残すことをしなければならない。クライエントのそれらとクライエントの変化とカウンセラーの働きかけの内容との関係をていねいに照合していくことによって，主訴の解決につながったカウンセラー側の要因（独立変数）を特定できる。

❷ 客観的という意味

　研究で重要視されるのは，研究する者の主観的な判断ではなく，客観的な事実やデータなどのエビデンス（証拠）である。授業の報告書をみると，ときとして「本授業は，教師の指導によって，教室が興奮のるつぼと化した。子どもたちの表情は，みな満足に満ち溢れていた」というような記述がみられる。

　「興奮のるつぼ」といい，「満足に満ち溢れた表情」といい，これらは教師の主観的な判断にすぎないといわれても仕方がない。「興奮のるつぼ」とは，子どもの興味や意欲が最大に引き出された状態と考えられる。その場合，エビデンスを得ようとするならば，授業直後にアンケート調査を実施し，「この授業は面白いと思いましたか」「この授業は，やる気が起きましたか」と尋ねるとよい。このような調査は個々の子どもの主観的判断を尋ねるものであるが，働きかけの対象者である子ども側の主観的判断は教師の実践を評価する客観的データの一つとして認められている。

　カウンセリングの場合でも，主訴の内容にかかわる心理検査をときどき実施して，その結果を主訴の解決の経緯のデータとして用いることが少なくない。例えば，不安を主訴とするクライエントに対し，何回か「状態不安尺度」（清水・今栄，1981）を実施し，その変化を調べるのである。

　カウンセリング面接の場合，クライエントの表情や態度，言葉などをよく観察して，それらの変化を重視しなければならないことを上述した。クライエントの言葉は研究上，客観的な事実と認定されるが，クライエントの表情や態度は，客観的と主観的の中間的な位置にあるといえよう。実際にカウンセリング面接のなかでは，クライエントの暗い表情が明るく変わっていき，そのなかで主訴の解決が少しずつ進行していくことが多い。例えば，このようなケースでの「クライエントの表情が明るくなった」という言い方は，厳密にいえば，カウンセラーの主観的判断になるかもしれないが，観察された事実として客観的なものとみなしてよいであろう。

　ただし，観察された事実は，その場で記録して残してこそ，客観性を維持できると考える必要がある。後で，「そういえば，あのころ表情が明るくなったなあ」と記憶から呼び戻されたものは，記憶の変容を受けている可能性が高いので，避けることが必要だ。

〔新井邦二郎〕

参考文献 清水秀美・今栄国晴　1981　STATE-TRAIT ANXIETY INVENTORY の日本語版（大学生）の作成　教育心理学研究，29 (4), 62-67.

第2節 リサーチの手順

> リサーチの手順は，①自分の問題意識の明確化，②従来の関連研究のレヴュー，③そのうえであらためて科学的研究の枠組みからの見直しと自分の研究の位置づけの確認，④具体的研究法との兼ね合いでの仮説設定といった流れがある。

I　リサーチクエスチョン

　まず大切にしたいことは，自分自身の問題意識である。次に，それを明確にすることである。例えば，「こういったことに関心がある」といった漠然とした状態では，それこそ何をどう研究したらいいのか，その方向性が見えない。

　その際に大切にしたいことは，日常の体験のなかにおいて，「あれ，こういうことでいいのかな？」「待てよ。こういう感じは前にも経験したぞ」などといった素朴な疑問をていねいに振り返ることが大事である。そういった直感のなかには，教育現場では普通とかあたりまえになっていることで，実はきちんと考えると不合理な物事がそのまま疑問視されることなく続いていることがある。そこには，それを変革できる大切な出発点となり得る可能性が潜んでいるのである。教員という仕事に就いた初期のころに感じていた疑問が，いつの間にか眠らされてしまっているかもしれない。あるいは，さまざまな研修を受けるなかで，そのときの疑問を思い起こすかもしれない。

　それでは，漠然とした問題意識や素朴な疑問をどうやってより明確化していくことができるであろうか？

　一つの簡単な方法としては，KJ法（川喜田，1967）的な整理がお勧めである。まず，自分の関心のある事柄ないしは素朴な疑問の周辺に存在する物事から，自由連想を通してその時点の自分の頭で関連して出てくるイメージを出し切ってみることである（ブレーンストーミング）。つまり，そのキーワードや語句を付箋紙に書き出せばよい。一つの事柄は1枚の付箋紙に記入する。そうやって，これ以上連想することがないというところまで出し切ってみるのである。

　次に，全体を眺めると，内容的にないしはイメージ的に近い関係にあるものとそうでないものが存在することに気づくであろう。それらをグルーピングしてみよう。つまり，近いと思われるものどうしを一つのグループないしはまとまりとして整理するのである。

参考文献　川喜田二郎　1967　発想法　中央公論社

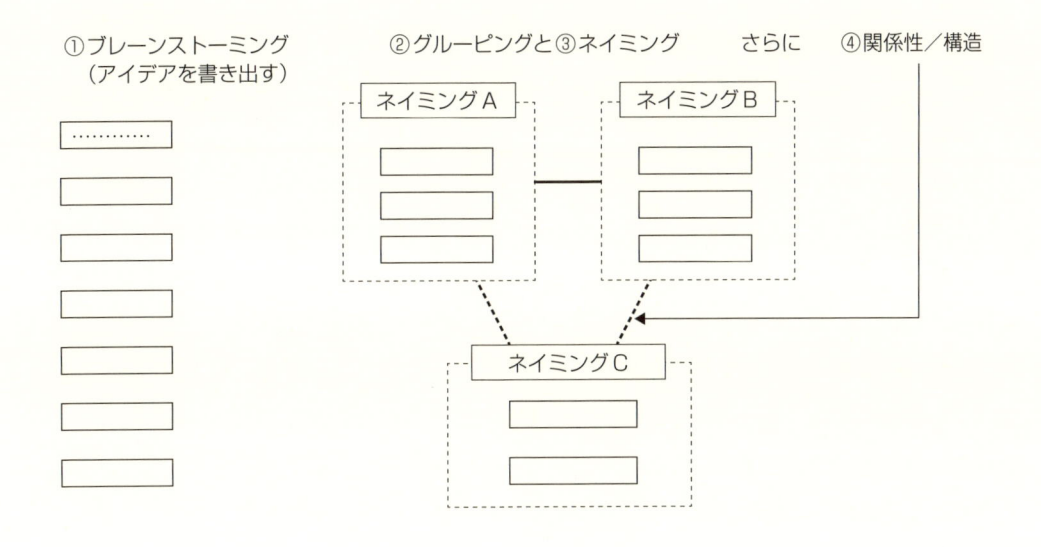

①ブレーンストーミング　　　②グルーピングと③ネイミング　　さらに　　④関係性／構造
（アイデアを書き出す）

図1　KJ法的整理

　さらに，いくつかのグループというか関連したまとまりができたら，それぞれのまとまりに対して，そのまとまりを代表するキャッチ・コピーを考えよう（ネイミング）。
　最後に，それらのまとまり間の関係について検討してみよう。例えば，まずAの事柄が先にあって，それがBの事柄に影響し，それがさらにCの事柄に影響するという構造が想定されるかもしれない。あるいは，AとBの両方がそれぞれ独自にCに影響しているという構造が想定されるかもしれない。
　これらの作業を通して，自分のなかに経験を通しての実践知がどのように構造化されているのか，自分自身でも整理されたものとして眺めることができるようになるであろう。特に，そのような自分の考えを，ある程度専門的な知識をもつ仲間や研究者に話をきいてもらうことが重要な作業である。そのプロセスで新たな気づきが生まれることが多い。
　例えば，ある教師がそれまでの教育実践上の経験知を通して，「"生活態度がしっかりしている"生徒は"学習意欲"も"学力も高く"て"集団適応もよい"」という整理がついたとしよう。それがそのように整理される背景には，これまでかかわってきた特定の生徒の顔が浮かび，その生徒の日ごろの行動や態度，そして，実際の成績や集団におけるその生徒のさまざまな行動が連想されて，それぞれの項目として書き出されていたかもしれない。ないしは，その生徒一人だけでなく，同様な生徒が次から次に連想され，それらをひとまとめにした印象としての項目が書き出されていたかもしれない。そうした項目がグルーピングされ，"生活態度"というまとまりと，"学習意欲""学力""集団適応"などのまとまりが整理されたということであり，

さらに，それらの関連性を検討したら，"生活態度"というまとまりから，"学習意欲""学力""集団適応"に向けて，「関係がある」という意味での線が引けたという構造が描かれたということである。

例えば，陰山英男氏の「早寝・早起き・朝ご飯ができている子どもは，その学力が高い」といった情報に出会うことになったとしよう。そうすると，それを自分の経験知に即して，「ああ，やはりそういうことなんだ」と納得することができるというものである。しかし，そのように納得したのかもしれない校長たちによって，学校現場では，保護者に対して，「お父さん・お母さんたちにお願いがあります。学校では勉強を先生たちがきちんと教えますから，家では"早寝・早起き・朝ご飯"をよろしくお願いしますね」とやっているということに対して，そこに微妙な疑問を感じたとしよう，"そんなことで本当にうまくいくんだろうか？"と。振り返ってみれば，確かに生活態度がしっかりしていた生徒たちは，他の面でもそういうしっかりした部分が見いだされたことはあったといえるが，何かちょっと違う感じがする，といったちょっとした引っかかりがある自分を感じたとしよう。この引っかかりはいったい何だろう，自分が今の時点では十分意識化できていないことで何か大切なことが見落とされているかもしれない，などと感じている自分がいるとすれば，それを大切にしてほしいのである。本当はそこからがリサーチ・クエスチョンであるともいえる。そのモヤモヤとした思いを持ち続けながら，意識化できていないかもしれない何ものかとは何だろうと考え続けるのである。

創造性には，創造の過程とその結果という2側面があること，また，その共通したプロセスとして①準備，②温め，③ひらめき，④確かめの4段階が指摘されている（林，1980）。こうして，まだ，上述までの段階は，準備と温め段階であると言えるかもしれない。

Ⅱ 先行研究を読む

まだまだ準備と温め段階が続く。自分がもち得たモヤモヤはいったい何だろう？　と考えながら，われわれはさまざまな心理学関係の本や研究雑誌などの情報収集にあたるのである。

自分の関心となるテーマが，心理学的にどのような専門用語として扱われ，それに関する研究はどのように進展してきているのであろうか。

まず全般的には次のような活動となるであろう。

研究の関心となるテーマが見えてくると，教育心理学などその主要な研究領域でそれらのテーマがどのように研究されてきているかを，レヴューすることである。関連の文献を集めるには，最近はIT関連技術の進歩のおかげで労力的にも時間的にも容易になってきた。インターネット関連でキーワードを入力してリストアップされたなかから「これは」と思うものはそのままプリントアウトしてしっかり読み込むことである。ただ，注意しておかなければならない

参考文献　林昌三　1980　創造性　小林利宣（編）　教育・臨床心理学辞典　北大路書房，256-257.

ことは，まだすべての文献がデータ・ベース化されているわけではないということである。しかし，比較的新しい文献は，リストアップされることが多くなっているので，その引用文献からいもづる式に収集することができる可能性は高い。

そうして収集された文献をていねいに読み込んで関心あるテーマがどのように展開されてきたか，その流れを知ることができる。その流れを展望することによって，場合によっては，自分が関心をもっていたテーマに関して，すでにある程度のことが答えらしき部分まで到達していることが理解されるかもしれない。また，場合によっては，かすったような関連の研究は散見されるが，自分自身のテーマに直接的に応えてくれるものではないと感じられるかもしれない。そういうときこそ，自分がもっている視点からのアプローチがなされていない可能性がある。その際，自分の視点を大切にしてもらいたい。それこそが，その研究の独自性につながる可能性が大いにあるからである。つまり，すでに研究されているテーマでも，自分がもつ視点からの研究がなされていないということは，その視点がもしかしたらほかの人々がこれまでもてていない独自性を自分がもてていることを意味しているかもしれないのである。

あらためて，上述した例を引き続き，考えてみよう。

確かに，さまざまな文献で同様のことが確かめられたとしよう。それはそれで，一つの事実として確からしいという確信が強化されることにはなったであろう。しかし，"早寝・早起き・朝ご飯"を実行すれば"学力"向上につながるというところでは，どこか釈然としないものが残る。その思いには区切りがつけられていないとする。両者の関係は，いったいどのように理解すればいいのか，読んでみた文献にはきちんと応えてくれているものがなかった，というのが，結末であったとしよう。あらためて，自分の経験をていねいに振り返ることを選択したとする。あの子もあの子もそういう子だった，あの子たちが生活態度がしっかりしていて，学業成績もよかったのは，生活態度がよかったから学業成績もがよかったのであろうか？　だから，生活態度をきちんとさせるようにすれば学業成績もアップすると考えていいのだろうか？　子どもって，人間って，そんなに単純に理解できるものだろうか？　そんなことを考える自分がどこか間違っているんだろうか？　いやいや，何かが違う，この感じは決して間違いということではないはず………自問自答は続く。

そういうプロセスのなかで，上述の創造性の過程では③ひらめきが起こるのかもしれない。

例えば，そういえば，あのＡくんだってＢくん，Ｃさんだって，よくよく考えると，共通する特徴があったよな，あの子たち，どの子も自主性というか主体性というかそういう点では意欲的であったよな，ということに気づいたとする。あらためて，再度のKJ法的整理を試みたとしよう。そうすると，自主性ないしは主体性のようなものがそういう子の性質として内的に存在していて，その主体性を発揮している状態が生活面では生活態度のしっかりした子ども

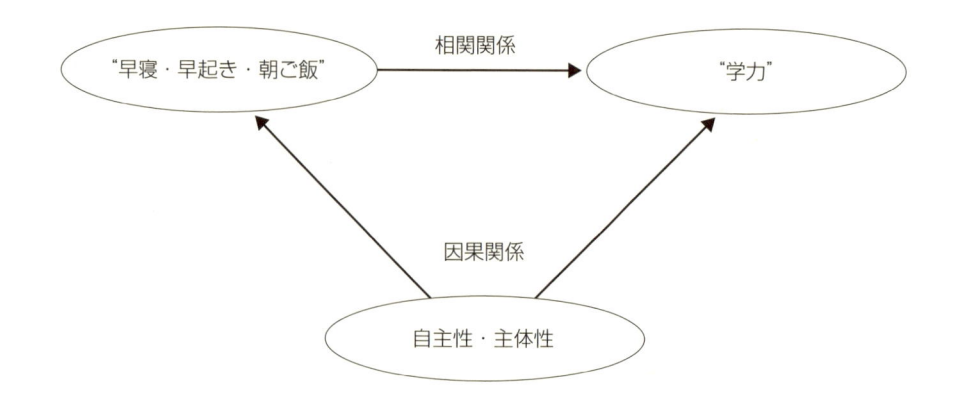

図2 "早寝・早起き・朝ご飯"と"学力"の関係をつなぐものは？

だったといえるし，学習面でも学習意欲が高かったということになるようだ。そういう子どもだったので，周囲の子どもたちもあの子のことに一目おいていたし，そういうなかでの集団適応もよかったということかもしれないぞ，と。ということは，"早寝・早起き・朝ご飯"と"学力"の間には，心理学でいうところの相関関係は存在するが，因果関係はそんなにないということで理解してよさそうだぞ。そして，"早寝・早起き・朝ご飯"と"学力"という2つの原因になっているものとして"自主性"ないしは"主体性"などをおけば，すっきりしそうだぞ。そう考えたら，あのモヤモヤしていたものはこういうことだったんだと理解してよさそうだぞ。とすれば，今学校で校長先生が保護者にお願いしているようなアプローチをとったとしても，たいした成果は得られないのではないだろうか，何か別のアプローチを採用する必要があるのではないか，とあらたな疑問が頭をもたげてきたということになったとしよう。

あらためて，文献を読み返す。なかには，それらしきところへの言及もなされていることが確認される。しかし，著者の経験に頼った言質であり，実証的データはないということが確認されたとしよう。しかも，自主性とか主体性とかいう言葉さえ，どうもその人の頭のなかでの理解がなされているようだし，実は学術上の定義としては，確立されたものとはいえないレベルにとどまっていることがわかったとしよう。

こうして，ひらめきが起こり，どうやら，こう理解すれば自分のモヤモヤはすっきりだということが見えてきたとしても，それをそうだと言い切ってOKだといえる証拠がほしい，つまり，実証的データがほしいという，あらたなモーティベーションの高まりが生じたとしよう。

Ⅲ　操作的定義

　さて，ここまでくると，自分の理解を実証するというさらなる研究の推進と実行へ向けて，自分の問題意識がある程度の専門的知識と関連させて一つの理解（仮説）にいたったということである。さまざまな工夫をさらに重ねることが必要となる。

　扱おうとするテーマによっては，そこで用いられている概念や用語がすでに心理学的定義がなされているものも存在するが，常にそうであるとは限らない。特に，学校教育実践においては日常的に使用されていても，その概念的理解には人によって微妙なズレを含んでいるかもしれない。そのような場合，その研究においては，その概念をどのように定義して研究を進めようとするのか，あらためて実証的データによって研究を進めることのできるレベルでの定義が必要である。従来の定義を踏まえつつ，さらに自分の視点を含めた定義を示すことで，その研究が新しい視点をも加味した研究のスタートとすることができるかもしれない。

　ただし，その新しい視点が単なる思いつきでなく，理論的枠組みからの意義や従来の知見がその視点によってあらたな知見を生み出す可能性が存在することなど，論文作成上では，それらの意義が論理的に記述される必要がある。

　そうして得られたその研究における定義は，実証的データが得られるためのさまざまな測定尺度などの選択にもつながることとなる。

　あらためて，例を通して考えてみよう。

　上述の続きとして考えれば，学校教育現場ではあたりまえに使われている"自主性"や"主体性"に関する心理学的研究がごくわずかであり，またその定義がその研究者によって少しずつ微妙な違いをもちながら修正されてきていたことがわかったとしよう。学校現場では自明のものとして使っていたつもりでも，実際に周囲の先生方に話をきくと，やはり共通部分もあるが，微妙なズレが存在することも感じることとなったとしよう。とすれば，研究を進めるにあたって，あらためてその概念をどのように定義して自分の研究を実のあるものにしようとするのか，そこからのスタートが求められることになるということがわかる。一人一人の子どもの自主性や主体性を測定するための道具，すなわち，自主性尺度も既存のものでいいのか，自分がこの研究で定義する概念を十分測りうるものなのか，その選択も悩ましいところである。既存の尺度では十分とはいえないとなると，あらためてその尺度づくりからスタートしなければならないということになるが，この場では，そこに大きく踏み込むことはやめておこう。学校現場で実践的研究を進めるにあたって，とりあえずは従来の定義に従った定義を採用し，かつ，その概念のもとに作成された尺度を使用することが選択された，というくらいにしておこう。

　他方で，考えなければならないことがある。

あらためて，操作的定義とは，端的にいえば，操作を通して定義することとされる。つまり，従来の直接経験によって曖昧に考えられていた概念を，科学的概念として，その公共性や客観性が求められたとき，反復しうる操作によって定義されることで，科学体系のなかに組み入れることが可能となり，科学的知見として共有されやすくなるなどと考えられてきたのである（持留，1980）。

例えば，やや極端かもしれない「知能」の定義のなかには「知能検査によって測られたもの」といった操作的定義も存在する。しかし，一つの研究において用いられた知能検査で，人間のあらゆる側面の知能を余すことなく測り得ているかというと，それを実現できる検査はないといってもいいであろう。従来開発されてきたすばらしい知能検査でも，知能に関する定義に従ってさまざまな因子から構成されることがわかり，それらの因子を別々に測定してプロフィールなどとして表示するシステムとなっている。その際，それらの因子構造は，多くの人に共有される共通部分に含まれた範囲からさまざまに色分けされたものが因子として浮かび上がっているようなものなのである。つまり，その作業となっている因子分析そのものが，多くの人に共有される共通部分から異なった色合いである複数の因子を抽出しており，実は少数の人しかもたない能力はもちろん因子を構成することにはならないという問題をもっているのである。

そのような限界のなかで進めている研究であるということをわきまえて，しかし，「〇〇とは，その〇〇検査によって測られたもの」との操作的定義にまでしてしまう必要はない。その研究を進めるにあたっての，とりあえずの定義とその定義に見合う測定道具を選択することができれば，学校現場での実践研究では十分であるかもしれない。

ただし，修士論文以上となると，あらたな概念の定義とともにその尺度づくりも必要となる場合が多々存在する。最近では，統計ソフトの充実により，卒業論文でもそのような挑戦をする学生が散見されるようになっている。したがって，実践研究を進めようとする現場教師については，そのような統計的分析に関して研究指導を引き受けてくれる大学教員などとの共同研究体制をつくることが望ましいといえよう。

定義とともにその測定道具がワンセットになってはじめて，その後の研究の成果がみえやすくなるのである。その成果を科学的公共のものにするためにも，研究プロセスにおいて大切な作業である。

Ⅳ 仮説の設定

科学的な理論を成立させるための定説的な方法が，仮説演繹法ということになる。そこでは，次なる4段階が想定されている。すなわち，①既知の経験的事実に基づいて限定された仮説（公準）を設定し，②その設定された仮説から，実験的観察が可能であると思われる命題を論理的

参考文献　持留英世　1980　操作主義　小林利宣（編）　教育・臨床心理学辞典　北大路書房，255-256.

に正しい順序で引き出し（演繹），③その演繹された命題を，実験的観察を行うことにより経験的事実と照合し，④その照合された結果が演繹された命題を支持するものであれば，先に設定された仮説は正しいものとして受け入れられる。しかし，この経験的事実が命題を支持せず，演繹された命題が反省されるならば，さきに立てられた仮説は修正ないしは破棄される，といったプロセスである（石井, 1980）。

いくつかの議論は存在するものの，基本的にはこのような文脈のなかで論理実証主義を中心的な位置に据えた心理学研究が進められてきたのである。

それでは，自分の独自性をもった視点からの研究に向けて，どのような方向性で進めていくことができそうか，その具体的方法を検討してみよう。心理学的には，ただ哲学的に論究するだけでなく，データで実証することが重視されている。

明確になったテーマを自分の視点から実証するには，どのようなアプローチが適切か，いくつもの方法が考えられるかもしれない。個別的な事例研究法が適切か，それとも，数量的測定を可能にして平均値などの数値でものを言うことが適当か，心理学的方法のそれぞれにはメリットもあればデメリットもある。それらを総合的に検討しつつ，他方で実現可能な側面とそうでない側面が理解されていることも重要である。心理学の研究は相手あってのことであるから，自分だけの思いでそうおいそれと簡単にデータがとれるわけではない。ましてや，実践研究ともなれば，その研究を全体的にコーディネートする能力も求められるのである。

さて，研究目的とある程度の進め方である方法とがそれぞれ明確になっていく一方で，ここでは，その結果を予測することが求められる。すなわち，想定されたアプローチがなされた結果としてどのような結果が予測されると考えられるのかを，明示することである。

例えば，上述してきたテーマに関していえば，「自主性尺度得点の高い子どもは，生活調査アンケートで得られる得点が高いであろう」とか，「同じレベルの知能程度の子どもでも，自主性尺度得点の高い子どものほうがそうでない子どもに比べて，学力が高いであろう」などと，採用するアンケート得点などにそってその仮説を設定することができる。

ただ，学校には，定期的に測定している学力テスト結果や知能テスト結果があるが，個人情報保護法の範囲内で学校長の了解が得られてはじめて，その研究のためだけのデータ使用が許可されるかもしれない。そういった点に関しても，研究を進めるにあたっての前提条件の一つであることはいうまでもない。

こうして，仮説設定は，方法との兼ね合いやその後のさらなるデータの分析方法との兼ね合いが大きいが，方法上の工夫を重ねつつ，研究目的をどのようなかたちで実証しようとしているのかがよくわかる仮説設定であることが望ましい。

〔松﨑　学〕

参考文献
石井真治　1980　仮説演繹法　小林利宣（編）　教育・臨床心理学辞典　北大路書房, 68.
高橋順一　1998　研究とは何か　高橋順一・渡辺文夫・大渕憲一（編著）　人間科学研究法ハンドブック　ナカニシヤ出版, 1-10.

第3章 リサーチとはどういうものか

第3節 データ収集の方法

研究目的にそって，観察・面接・調査・実験・テストなどの方法を用いて収集した結果を，言語・数字・記号などで表した資料をデータといい，内容的な分類をしたものを質的，数量的に計測できるものを量的という。

I 概説——量的データと質的データ

1 データ（data）とは

人間を対象とする科学では，事前に設定された研究目的・計画にそって，観察・面接・調査・実験・テストなどいろいろな方法を用いて収集した結果を，言語・数字・記号などで表した資料をデータという。データは何らかの意味のある資料であって，単なる言語・数字・記号などの集まりではない。

具体的には，子どもたちの運動会の感想文もデータになるし，学級の生徒たちの週ごとの英語の小テストの点数もデータになる。また，子どもたちの欠席日数や月ごとに測定された体重の値などもデータになるのである。大事なことは，それらの結果が，事前の研究目的にそった意味のあるまとまりの資料になっているかである。

2 変数（variable）とは

事前の研究目的にそって観察や測定によって集められた結果は，対象ごとに異なる値をとる。これを変数と呼ぶ。さまざまな値をとる標識のことである。

研究の対象となる人々の年齢や性別，血圧や血糖値のような生理的測定値，その人の特定の経験や価値観をまとめたもの，さまざまなテストや調査の結果などは，それぞれの個人や状況場面によって違った値をとるので変数である。

変数には大別すると，質的変数と量的変数とに分けることができる。

3 質的変数（qualitative variable）

事前の研究目的にそって観察や測定によって集められた結果のうち，研究目的に従って内容的な分類をしたものを質的変数という。人や物や事象について，それぞれの特性に従ってまとめたり，名前をつけたり，記号をつけたりしたものである。

質的変数は，非数量的性質をもっており，カテゴリーに分類される変数である。質的変数は順位を示唆するもの（順位的）と，示唆しないもの（非順位的）とに分けることができる。順

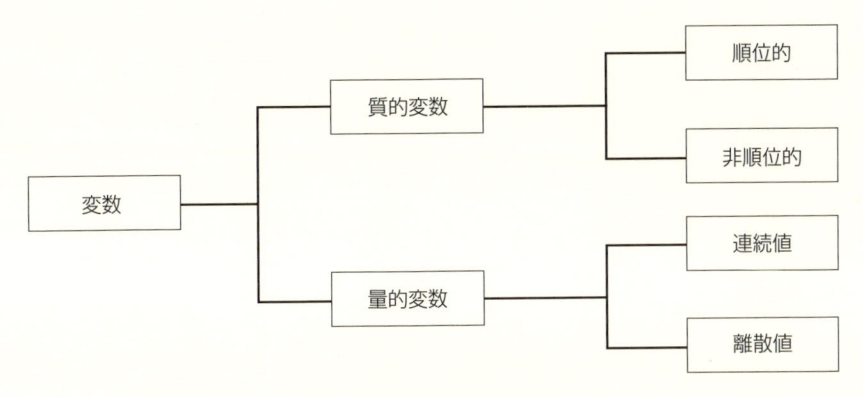

```
                                    ┌─── 順位的
                    ┌─── 質的変数 ───┤
                    │               └─── 非順位的
    変数 ───────────┤
                    │               ┌─── 連続値
                    └─── 量的変数 ───┤
                                    └─── 離散値
```

図1　質的変数と量的変数

位的なものとしては，優，良，可，不可，などの変数がある。非順位的なものとしては，北海道，青森県，秋田県，岩手県……，などの変数がある。

❹ 量的変数（quantitative　variable）

　事前の研究目的にそって観察や測定によって集められた結果のうち，数量的に計測できる変数を，量的変数という。量的変数には離散的なもの（離散値）と連続的なもの（連続値）とがある。

　離散値とは，それぞれの値の間が離れていて，それ以上細かく測れない数値のことである。例えば，A大学の教育心理学科は70人の学生がおり，8つの研究室に別れて所属するので，一つの研究室には8人か9人の学生が所属する。この場合，均等に分けて8.75人とはなりえない。人間を数えているからである。

　連続値とは，それぞれの値の間が続いていて，精密に測ればいくらでも細かく分割できる計測量のことである。例えば，Aさんの日ごろの体重は58kgか59kgであるという場合，体重58kgと59kgの間は連続していて精密に測りさえすれば，理論上無限に分割が可能である。58.364578……kgという具合である。

　ただ，離散と連続という分け方は理論上のことであり，実際には便宜上この2つは交換的に用いられることが多い。例えば，離散値としての人員を統計的に処理して平均8.75人とか，連続値である体重を便宜上小数第一位までで表して58.4kgとするなどである。

〔Ⅰ：河村茂雄〕

II 質問紙法

1 質問紙の基礎知識

質問紙法は，言語を媒介とする心理学研究法の一つである。直接観察できない人間の意識や行動の特徴を調査対象者から質問に回答してもらうことで推測しようとするものである。

まず，基本的な用語について以下に解説する（小塩・西口, 2007）

一つ一つの質問と選択肢のセットを「質問項目（項目）」といい，調査目的に合わせ「回答者の情報を得るために選定された一連の質問項目の集合体」を「質問紙」または「尺度」と呼ぶ。「尺度」は本来，統計学や測定理論において「あるものの量や強さと得点となる数値の間にあるルール」を意味していた。能力，適性，知能などを測定する際には「目録」という言葉を用いる場合もある。「質問紙」「尺度」「目録」という用語はほぼ同じような意味で使われている。

質問紙法において重要な考え方に「構成概念」がある。これは「直接的に観察することが困難で，理論的に定義される概念」のことである。尺度（質問紙・目録）を考える際には，測定したい概念の下位概念をいくつか仮定し，その概念について複数の質問項目を選定し，下位尺度を作成することになる。

質問紙で最も重要とされるのが信頼性と妥当性である。信頼性とは，「繰り返し実施しても結果が安定しているか」という測定の精度に関する概念である。2回同じ質問紙を実施し，その結果についての相関を求めて検討する再検査法と偶数番号と奇数番号の項目で分けるなど2つに分けて両者の相関係数から検討する折半法とがある。折半法の信頼性係数を一般化したクロンバックの α 係数という指標を算出して検討することも多い。

妥当性とは，尺度が「測定したいものを本当に測定できているか」という概念である。尺度の項目の内容が，測定しようとしている構成概念を偏りなく反映しているかどうかに関する概念が「内容的妥当性」である。外的な基準となる明確な指標がある場合に，それとの関連で検討されるものを「基準関連妥当性」という。例えば，抑うつ傾向を測定する尺度をうつ病と診断された人に実施して検討する場合などである。「測定している得点が測定したい構成概念を適切に反映しているかどうか」を「構成概念妥当性」と呼び，「理論どおりに他の変数との関連が認められるのか」について検討していくものである。

2 質問紙法の長所と短所

質問紙法は，観察法だけでは測定や把握に限界があることからそれを補う方法として考案された。その長所は，項目の選定や数の調整によって個人の内面をさまざまな観点から推測できることである。過去についても未来についても，同時に多人数からもデータを得ることが可能

参考文献
鎌原雅彦ほか（編著） 1998 心理学マニュアル「質問紙法」 北大路書房
小塩真司・西口利文（編） 2007 質問紙調査の手順 ナカニシヤ出版

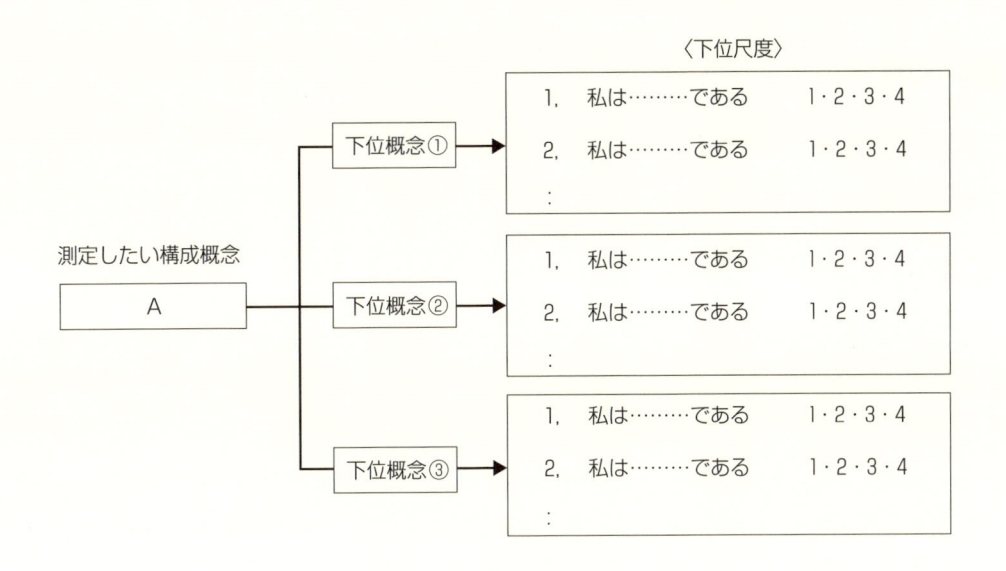

```
                              〈下位尺度〉
                    ┌──────────────────────────────┐
              ┌─→ 下位概念①→│ 1. 私は……である    1・2・3・4 │
              │              │ 2. 私は……である    1・2・3・4 │
              │              │   :                          │
              │              └──────────────────────────────┘
測定したい構成概念│              ┌──────────────────────────────┐
    ┌──────┐   │              │ 1. 私は……である    1・2・3・4 │
    │  A   │──┼─→ 下位概念②→│ 2. 私は……である    1・2・3・4 │
    └──────┘   │              │   :                          │
              │              └──────────────────────────────┘
              │              ┌──────────────────────────────┐
              └─→ 下位概念③→│ 1. 私は……である    1・2・3・4 │
                             │ 2. 私は……である    1・2・3・4 │
                             │   :                          │
                             └──────────────────────────────┘
```

図2　構成概念と下位尺度

である。項目数を少なくすれば短時間での実施が可能で，調査対象者の負担も軽くて済む。ゆえに，教育実践やプログラムなどの効果を検証するために，その前後で実施が必要なときに利用されることが多い。

　また，多くの研究者が利用する理由の一つに，大量のデータもコンピュータ分析ソフトを活用すると大規模な統計的処理が可能で，一般化することが比較的容易にできる点があげられる。さらに，高額な検査器具を用いて一対一で検査するのではなく，紙と筆記用具があれば一斉に実施できるので，条件の統制がしやすいこともあげられる。

　質問紙法は，利点ばかりではない。さまざまな観点で個人の内面をとらえることができる反面，用意した質問の範囲内でしかデータを集めることができないため深くとらえることがむずかしい。一つの側面に対して複数の項目を設定したり，自由記述を設けたりすることで表面的にならないように配慮する必要がある。

　また，回答は調査対象者に任せられるので，自分自身をよく見せようとしたり，反対に悪く見せようとしたりするなどの虚偽の報告や回答拒否を防ぐことができない。そのような回答者の態度をチェックするために虚偽尺度と呼ばれる質問項目を用意する場合もある。

　言語を媒介としているため適用年齢に制限があることも短所の一つである。したがって文章を理解できない年少者への実施はむずかしい。

　これらを考慮して，観察法，面接法，検査法などを併用していくことが肝要である。

〔Ⅱ：品田笑子〕

III 観察法

漠然とした観察では何も見えない。出来事をよく見ることで問題意識が芽生える。問題意識の下で「見ようとして見ること」でリサーチ・データを得ることができる。よいデータを得るためには対象やテーマに応じて観察手法を工夫することである。

1 観察法とは

観察法は，人の行動を観察，記録，分析して，客観的なデータを集めるための方法である。例えば，ソーシャルスキルの評価や授業における挙手行動などのように，対象者の行動の特徴や法則性をリサーチするときに有効な方法である。また，対象者の言語能力に比較的影響を受けることなくデータを集められることが特徴であり，特に，対象者が乳幼児や障害者などのときに有効である。

2 観察法の種類

観察法の種類は観察事態や観察形態の違いによって分類される（中澤・大野木・南，1997）。

表1 観察の事態と形態（中澤・大野木・南，1997）

観察事態	自然観察法　←　実験的観察法　→　実験法
	偶然的観察　組織的観察
観察形態	参加観察法　　　　　　　　　非参加観察法
	交流的観察←→面接観察←→非交流的観察　　直接観察←→間接観察

● 観察事態による分類

自然観察法と実験的観察法，実験法に分類される。これらの違いは観察条件の統制の程度にある。通常，観察法とは自然観察法を指す場合が多い。

①自然観察法：自然の状況下で人の行動を観察する方法である。偶然的観察と組織的観察がある。偶然的観察は，偶然に生起する行動を観察して，そこに潜む特徴や法則性などを発見しようとするものである。組織的観察は，一定の目標のもと，観察状況や場面，注目する行動などを定めて体系的に観察しようとするものである。

②実験的観察法：一定の目的による条件を統制した状況下で生起する行動を，設定した条件と関係づけ，組織的に観察する方法である。観察したい場面がいつ生起するか予測がつかないときなどに有効である。観察条件の統制を最大にしたのが実験法である。

● 観察形態による分類

観察形態とは観察者と対象者との関係を意味する。参加観察法と非参加観察法がある。

参考文献
中澤潤・大野木裕明・南博文（編著）　1997　心理学マニュアル　観察法　北大路書房
大村彰道（編著）　2000　教育心理学研究の技法－調査・実験から実践まで　福村出版

①参加観察法：観察者が対象者や対象グループに自分の存在を示して観察する方法である。例えば，子どもたちと学校生活を一緒に送りながら，そこで起こる出来事を状況や文脈とともに記録する方法である。子どもたちと交流をもつ場合が交流的観察であり，子どもたちへの観察者の影響を最小にする場合が非交流的観察である。

②非参加観察法：人は他者から見られていることを意識すると行動が変わってしまう。これを避けるために，観察者が対象者に気づかれないように工夫して観察する方法である。一定の距離をとったり，ワンウェイミラーを用いたりする直接観察と，ビデオなどを用いる間接観察がある。

3 観察の手法

観察現象をどのように選ぶかということは重要である。主な手法には，①事象見本法（ある特定の行動，事象に焦点を当て，その行動の生起要因や過程，終結などを観察する），②時間見本法（ある一定の時間内，時点での観察すべき特定の行動を抽出する），③日誌法（ある特定の個人を，日常的な行動の流れの中で観察，記録する，保育日誌など），④逸話記録法（その状況で生じているすべての行動を時間的な流れに沿って自由記述する，行動描写法）⑤チェックリスト法（起こりそうで観察したい行動のカテゴリーを作成し，観察場面で該当する行動が生じる度にチェックする，行動目録法），⑥評定尺度法（行動を一定時間観察し，被観察者の印象や行動の強さを形容詞や行動特徴に対する連続的尺度，4件法などで評定する）などがある。

4 信頼性・妥当性があるデータを得るために

観察法においては，観察の観点や行動の解釈に観察者の主観や先入観，偏見が入りやすい傾向がある。それらを排除した記録になるように配慮する必要がある。客観的で信頼性の高いデータを得るためには，観察者の訓練，複数による観察，観察目的の明確化や観察項目の精選，記録用紙の構造化，VTRへの録画など，観察手法の工夫が必要である。

5 質的研究に用いられる観察法

観察法は，自然科学分野で用いる観察法を人の行動理解に援用したものである。一方，近年，心に関する科学という視点からの観察法が用いられている。すなわち，外側からの行動理解だけでなく，内側の心の動きをとらえて解釈しようとする研究である。質的研究と呼ばれ，多くは参加観察法が用いられている（第5章第2節「質的研究の方法」を参照）。

6 観察法の倫理性の問題

観察は，ある意味，対象者のプライベートに注目する行為である。また，非参加観察はこっそりとのぞき見る行為ともいえる。リサーチのためとはいえども，ひとさまのプライバシーを侵害してはならない。インフォームド・コンセントの精神を発揮してリサーチしたい。

〔Ⅲ：苅間澤勇人〕

参考文献
秋田喜代美・恒吉僚子・佐藤学（編）　2005　教育研究のメソドロジー　東京大学出版
南風原朝和・市川伸一・下山晴彦（編）　2001　心理学研究法入門－シリーズ・心理学の技法　東京大学出版会

Ⅳ 面接法

1 リサーチにおける面接法の目的

リサーチにおける面接法は，研究目的達成のために必要とされるデータ収集が主な目的として実施される。

データ収集といえばアンケート調査があげられるが，そのような質問紙法では，十分に調べることができない場合，面接を活用してデータ収集を行う。例えば，記述では表現しにくい内容がある場合や回答が限定されない，あるいは回答の予想がしにくい場合などである。

2 面接法の利点と欠点

面接法の利点として，感情面を計り知ることができ，知りたい情報を追求することができるということが挙げられる。例えば，質問に対してイエス or ノーでは答えづらそうな表情などを見いだすことができるし，理由を詳しく聞けるため，細部にわたってデータを収集することができる。欠点としては，質問紙法と違って多くのサンプルを得にくいという点があげられる。信頼性や妥当性のあるアセスメントをするためには，できるだけ多くのデータがあるほうがよいのだが，多くの面接をするには時間と労力が必要となる。

できれば，質問紙法と面接法を併用するのが望ましいと考える。筆者が行った調査研究の場合は，はじめに質問紙法によるデータを処理・分析した。次にそこから得た知見や新たな仮説をもとに，質問紙法での調査対象から抽出して面接を実施した。たしかに簡単な調査ではなかったが，自分の知りたいことを追究することができた。

3 仮説にそって，半構造化面接で

研究計画を立てるときには，「おそらく〜だろう」という仮説をもっていることが多い。その仮説が正しいか否かを検証していくという目的からずれないように面接を進める必要がある。また，同じような条件でデータを得るために，ある程度の質問項目や内容を決めておくが，相手の反応や状況によって質問の順番を変えたり，自由に話させる場面を設けたりする半構造化面接が無難であろう。

さらに，面接の後半で「何か，気づいたことや，つけ加えたいことなどがありますか」などと尋ねることで，その後の研究の新しい方向性が見えてくるときがある。

筆者は，児童理解について研究したが，その際，学級担任に「どのような場面でどのように児童像をとらえたのか」について面接をして調査した。この調査で，遊び時間の遊びの様子から児童像をとらえようとする教師，授業場面での活動の様子からとらえようとする教師など，特定の場面での児童の特定の能力や特徴から児童像をとらえている傾向が少なからずみられたのである。面接の最後に「何か，気づいたことなどがありましたら……」と何げなく聞いたら

「自分の価値観で，児童をとらえていたような気がする」と答えた。そこで，その後の面接から，面接の最後に同じように尋ねることにしたところ，ほとんどの学級担任が同じように答えたため，教師がもっている価値観が学級経営に大きな影響を与えるのではないかという新たな仮説が生成されたのである。

④ データの処理

得られたデータは，要点をまとめ，それを職場の仲間や共同研究者とともに，KJ法で分類・整理していったり，ディスカッションを行ったりすることで，データの傾向がみえてくる。回答者の属性（経験年数，職種など）との関係も調べる必要がある。1人で分析するよりも，複数の目で分析していくことが大切である。

⑤ 注意点

面接は感情が伴いがちだが，質問者が感情に左右されないように注意しなければならない。できるだけ平常心を保って面接し，回答に対して過度に一喜一憂したり推測や極端な判断で質問をしたりしないように努めることが大切である。回答者が無意識に質問者の期待に添うように答える場合が往々にしてあるからである。

回答者が抽象的に答えてきたら，聞き返すことによって，できるだけ客観的なデータとして検討できるようにする必要がある。例えば，「よくあります」という回答に対して「週に何度くらいですか」などと数値に表すようにするのである。

また，研究の結論を急いで質問が誘導的になったり質問の順番が恣意的になったりすることは避けなければならない。

⑥ 面接をするうえでのエチケット

面接は，内容によっても異なるが，30分以上かかる場合も多い。面接に協力してくれる相手の貴重な時間を頂戴していることを念頭におき，謙虚な姿勢で臨むべきである。

まず，面接の目的（どんな研究をしようとしているのか，この面接と研究はどのようにつながるのか），回答の仕方，面接の時間，データの使い方（どのように，どの程度公表するのか，どのくらいのサンプル数なのか），プライバシー保護（匿名にすること，所在や立場がわからないようにするなど）の約束などについて事前に説明をし，了解を得てから行わなければならない。できれば，研究計画をわかりやすく文書にまとめ，それを見てもらうようにする。

次に，面接中は必要以上のリレーション形成は行わず，できるだけ短時間で済ませるように心がける。面接の目的はカウンセリングではなく，データ収集であることを忘れないようにする。

そして，相手が「協力してよかった」と思えば，それに越したことはない。研究結果から得られた知見は協力者に報告したいものである。

〔Ⅳ：藤村一夫〕

V 心理検査の利用

1 心理検査と個別に作成された検査

質問紙法は，個別に作成された検査と心理検査とに分類することができる。

個別に作成された検査とは，教師が教育相談の面接資料として作成する不登校やいじめの実態把握についてのアンケートなどのことである。正確には，その結果で議論するためには，まずその質問紙の信頼性と妥当性・臨床的妥当性を証明しなければならないのである。学校現場ではそれほどの精度を求められないので，そのまま使用されていることが多い。

ちなみに，信頼性とは，同じ児童生徒に何度も同じアンケートを行っても，回答のぶれが少ないことである。妥当性とは，その心理検査で測ろうとしていることがたしかに測られているということである。臨床的妥当性とは，心理検査で測った内容と検査の対象である人物や集団の状態像とが一致しているということである。

それに対して心理検査とは，標準化された検査である。標準化とは，基準となる母集団に調査を実施し，その結果に対して統計的な手法によって信頼性と妥当性，臨床的妥当性を確認する作業が完了していることである。基準となる母集団とは，中学生の学校適応を測るのであれば，全国の中学生を一定の条件でサンプリングしてのことであり，大規模な作業を経ているのである。したがって，心理検査とは，専門家によって作成された信頼性・妥当性・臨床的妥当性が確認された質問紙のことであり，知能や学力，性格，適性などについて，決められた手順で実施すれば，より客観的なデータを得られる方法である。

2 心理検査の有効性と限界

心理検査を使うメリットとして，基準となる母集団との比較ができることがあげられる。例えば，個々の生徒の学力検査の点数が，全国の生徒の平均値や分布と比べて高いのか低いのかをいうことができるのである。また，実践の前後で心理検査の結果を比較することができる。例えば，特定の教育プログラムの前後にQ-U（学級満足度尺度）を実施すれば，プログラム実施前と実施後の児童生徒の学級満足度の変化を知ることができる。

一方で，心理検査も質問紙法の一種であるので，その限界も知っておく必要がある。心理検査の結果を見て，その生徒のすべてを理解したように考えるのは，データの過大解釈である。生徒についてより多面的に理解したいと考える場合には，テストバッテリーという複数の心理検査を組み合わせる方法を使うことや，日常観察や生徒との面接から得られたデータを補完する形で心理検査を利用することが効果的である。

参考文献　加藤司　2007　[改訂版]心理学の研究法―実験法・測定法・統計法―　北樹出版
　　　　　西昭夫　1990　心理検査　國分康孝（編）カウンセリング辞典　誠信書房

表2 学校現場で活用されることの多い心理検査の一例

方法	種類	検査名
個別検査	知能検査	ビネー式（田中ビネー式等）
		ウェクスラー式（WISC-Ⅲ等）
		K-ABC 心理・教育アセスメントバッテリー
集団検査	学力検査	NRT（集団を基準とした相対的な学力の位置を測定する）
		CRT（目標を基準とした個人内の学力の伸びを測定する）
	生徒理解・指導検査	Q-U・Hyper-QU（学級満足度尺度）
		POEM（児童・生徒理解カード）
	進路適性検査	職業レディネステスト
		PASカード（学年別進路適性診断システム）

3 心理検査の分類

　心理検査は，検査方法や使用する器具，測定する目的によってさまざまに分類される。そのなかの一つに，個人検査と集団検査によって分ける方法がある（表2）。個人検査とは，1対1で行う方法である。集団検査とは，集団に一斉に行う方法である。

4 個人検査と集団検査

　個人検査には，知能検査などがある。学校現場でも知られているものとして，田中ビネー式検査やWISC-Ⅲ，K-ABC等があり，それぞれの検査は知能の違った側面を測定する。例えば，田中ビネー式検査では全体的な知能，WISC-ⅢやK-ABCでは，知能のなかの言語に関するものや動作に関するもの，情報処理の仕方というように知能の一部を測るのであり，児童生徒の個別対応の資料として活用することができる。

　集団検査には，学力検査，生徒理解・指導，進路指導などに利用できる検査がある。学力検査には，NRT，CRTといった標準学力検査などがある。NRTは，同じ学年の児童生徒と自分のクラスの児童生徒を比べて相対的な学力，それに対してCRTは，1学年の間にどの単元まで理解することができたかという児童生徒個人の学力の伸びを測ることができる。生徒理解・指導検査には，Q-UやPOEMなどがある。Q-Uでは，児童生徒の学級満足度や学校生活への意欲，学級集団の状態を測ることができる。POEMでは，児童・生徒の性格や特性を8つの心の側面から測ることができる。このように，利用する心理検査によって得られる情報は異なる。したがって，心理検査を利用する際には，リサーチで明らかにしたいことを明確にしたうえで，それに合うものを選択する必要がある。

〔Ⅴ：川俣理恵〕

Ⅵ 尺度構成

　リサーチの目的にそって，質問紙法や心理検査などを用いてデータを収集するうえで重要視されているのは，測定結果の正確性である。リサーチの対象者に，より正確に質問に答えてもらうには，決められた手順に従ってアンケートを構成する必要がある。それを尺度構成といい，具体的な構成方法が決められている。正確な測定結果を得るためには，特に，教示文・質問項目・回答方法の3点が重要である。そこで，これらについて以下に説明をする。

1 教示文

　教示文には，調査対象者が質問項目に回答する際に，どのように回答すればいいかについての説明が明記されている。例えば，中学生に学校生活において感じたストレスについて調査したい場合には，「この1か月間の学校生活を振り返って感じたストレスについてお答えください」など，この調査で測定したい事柄について明記する必要がある。なぜならば，測定したい事柄について明記しなければ，測定結果の正確性が低下してしまうからである。上記した教示文から「この1か月」という記述を除いた場合，生徒が質問項目に回答する際に，3年生は入学してから現在までの約2年間の学校生活に基づいて回答するが，1年生は約1年未満の学校生活期間に基づいて回答するであろう。そのため，この調査において，3年生がほかの学年の

＜尺度構成の一例＞

「教示文」

この1か月間の学校生活を振り返って，以下に書いてある気持ちや，
体の調子になったことがどのくらいありますか。
いちばんあてはまる数字に，1つだけ○をつけてください。
数字には右に書いてあるような意味があります。

「回答方法」

4	3	2	1
よくあてはまる	すこしあてはまる	あまりあてはまらない	ぜんぜんあてはまらない

「質問項目」

1.	体から力がわいてこない。	4 － 3 － 2 － 1
2.	イライラしている。	4 － 3 － 2 － 1
3.	人と話したくない。	4 － 3 － 2 － 1

(以下略)

参考文献　村上宣寛　2006　心理尺度のつくり方　北大路書房

生徒よりもストレスを感じていた，という結果が得られた場合に，それは純粋に3年生がほかの学年の生徒よりもストレスを感じていたとも，3年生は1，2年生時に感じたストレスについても考慮し回答していたために他の学年の生徒よりもストレスを感じていた，とも解釈できるのである。つまり，調査によって得られた測定結果が，この1か月間における学校生活のストレスについて正確に把握できていないのである。したがって，教示文には，測定したい事柄について明記することが必要なのである。

2 質問項目

　質問項目は，測定対象となる心の働きや機能と関連している理論や，これまでの研究に基づいて項目が選定され，繰り返し調査を実施した際にも結果の変動が少なく（信頼性），測定している内容を正確に測れている（妥当性）ことも検証された，複数の項目から構成されている。そして，ある心の働きのなかには，その働きを説明するために複数の側面（下位概念）から構成されており，それらの側面ごとに質問項目（下位尺度）が設定されているものもある。また，質問項目への回答の正確性を高めるために，項目内容を逆転させた（ポジティブな表現を，あえてネガティブな表現にする），逆転項目が設けられていることが多い。このように，質問項目とは，測定対象となる心の働きや機能について正確に把握するために，さまざまな検討が行われたうえで選定，構成されているのである。

3 回答方法

　質問に対する回答方法には，2件法（はい，いいえ，など2つの選択肢から，1つを選択させる方法），評定尺度法（5．よくあてはまる，から，1．ぜんぜんあてはまらない，などいくつかの段階を設定し，そのなかから選択させる方法）や，順位法（複数の回答選択肢について，順位づけをさせる方法）など，さまざまな回答方法がある。そして，さまざまな回答方法からどの回答方法を選ぶかは，調査内容や対象者の年齢などを考慮し決定されている。例えば，ある出来事に対する経験の有無を測定対象とした調査の場合は，経験の有無が測定対象とされるため，「ある・ない」の2件法が用いられるが，測定対象が経験の有無ではなく，出来事に対する嫌悪感情の高低であった場合は，評定尺度法を用いるのが妥当であると判断される。また，調査対象者が小学校低学年など質問項目の内容を正確に理解することができず，どの回答選択肢を選んでいいかの判断を下しにくい場合には，「どちらともいえない」を除いた回答方法が採用される場合もある。つまり，調査で測定したい内容や調査対象者に合わせて，最適な回答方法が採用されているのである。

〔Ⅵ：藤原和政〕

第4節 分析の方法

教育カウンセリングの分析は,「量的分析」と「質的分析」に分けることができる。大小の比較ができる数を扱う量的分析。数ではとらえられない人間の本質に迫る質的分析。本節では,両者の分析法の特徴,限界点,基本的な手法について考えていく。

I 量的分析

量的分析のメリットには,どのようなことがあるだろうか。まず,数量を扱うことにより,多種多様な分析が可能になるということである。例えば,ある学校において生徒の学校満足度について研究する場合に,生徒に学校満足感について面接をしたり,作文を書かせたりすれば,生の声を集めることができるだろう。しかし,そのままの状態では,それ以上の分析はむずかしい。しかし,面接や作文から得られた情報をある基準からカテゴリーに分けて,分類し,カウントして,数量化の処理をしたらどうだろうか。学校のどういった側面について,生徒が満足しているのか全体像を把握しやすいし,学年間の比較をすることも可能になる。グラフや表にしたり,推測統計にデータを使うこともできるだろう。

また,教育現場が抱えている問題を多くの人にわかってもらうためのプレゼンテーション時に,量的分析を行っていれば説得力が増す。さらに,教育的取り組みの成果についてアピールする際にも量的分析を行っていれば,説得力が高まるであろう。教育においても「説明責任(アカウンタビリティ)」「根拠に基づいた実践(エビデンス・ベースド)」が求められる現代においては,量的分析は非常に力強い分析方法である。

1 数値化する

得られたデータがすでに数値であれば,この作業は必要ない。例えば,テストの点数,心理測定尺度の得点,測定したい行動の持続時間(秒・分・時間・日数など),測定したい行動の回数・頻度(10分当たり何回や1週間当たり何回など)などのデータがすでに数字で得られているのであれば,次の作業に移ることができる。

しかし,テストを児童生徒から回収したが採点していない,心理測定尺度は実施したが得点は算出していない,対象児の行動をビデオ録画しているが行動の持続時間や回数はカウントしていない場合は,数値化する必要がある。数値化するためには,昔ながらのいわゆる手作業,パソコンなどの機器を利用しながらの手作業,パソコンなどの機器による数値化(この場合も,

ある段階では人間の手が必要だが）などがある。

児童生徒へのペーパーテスト（学力関係）の採点であれば，基本的には赤ペンを使って昔ながらの手作業のほうがよいであろう。記述式でなく，選択式であればパソコンソフトによって採点することもできる。心理測定尺度の回答を得点化する場合は，手作業で電卓を使ってもできないことはないが，後の分析のことも考えるとパソコンを使って表計算ソフトなどに入力し，得点化したほうが便利であろう。ビデオ録画されている映像から持続時間や回数などを数値化するのは，映像の再生と一時停止などを繰り返しながら，地道に記録し，数値化していくしかない。映像をパソコンに取り込めるようになり，多少，作業が便利になってきているが，相変わらず重労働の作業である。数値化の方法については，リサーチに強い人に相談したほうがよいだろう。時間も労力も節約できる便利な方法があるかもしれないからである。

❷ 分析する

分析の実際のやり方としては，いくつか考えられる。ごくごく簡単な量的分析であれば，電卓（手計算）でやれないことはない。しかし，パソコンがこれだけ普及した現在では，効率性と正確性を考えても，パソコンを使って分析することをお勧めする。

まずは，マイクロソフト・エクセルに代表される表計算ソフトを使えるようになると，量的分析はかなり便利になる。表計算ソフトに数値を入力すると，簡単な操作で合計得点の算出，データの並べ替えなどが可能になる。そして，平均値や標準偏差の算出など，記述統計的処理も表計算ソフトの機能を使うと，だいたいのことはできてしまう。さらに便利なことに，結果を表にまとめたり，グラフにするのも表計算ソフトでできるのである。少し知識と技術は必要であるが，t検定やカイ2乗分析などの推測統計も，表計算ソフトでできるものもある。表計算ソフトを使えるようになるというのが，量的分析の第一歩であるし，大きな一歩となる。

推測統計やさらに複雑な分析など，さらに高度な分析をしようとすると，表計算ソフトで行うのは，困難になる。そういった場合は，専用の統計ソフトを使う必要があるし，そちらのほうが便利である。心理学の世界ではSPSSという統計パッケージが有名である。このようなソフトは高価でもあり，個人で購入するのはむずかしい。また，解説書を見ながら個人でマスターするのも大変むずかしい。

現実的には，大学や大学院で学ぶか，大学の研究室などと共同研究という形で，分析を行うということが考えられる。最近は，Rというフリーソフトを使う大学や研究者も徐々に増えてきている。量的分析の具体的な手法については，第4章を参照していただきたい。

Ⅱ 質的分析

　教育カウンセリングが基盤としている心理学は，心や行動を対象として自然科学の方法論を取り入れることで誕生し，発展した学問である。自然科学の研究では，量的研究がほとんどである。そのため，心理学の研究でも量的研究が重視されてきた。しかし，近年，心理学における質的研究が注目されている。

　例えば，文部科学省が発表する全国の不登校についてのデータを眺めて，平成21年度の「小中学校不登校生徒数は122,432人だ」ということがわかったとする。そして，前年度よりも何人減少した，全児童生徒数に占める割合はどれだけか，などがわかるのは，大変重要なことである。しかし，こうした数値や量的分析は，不登校状態にある児童生徒理解の一側面にしかすぎない。場合によっては，このような量的分析よりも，一人の不登校状態にある児童生徒が自らの体験談を語った内容を文字にしたもののほうが，不登校問題の理解のために有益なこともある。数字にまとめたり，足し合わせることのできない一人一人の個別具体的な歴史，葛藤，喜び，気づきなどが記されている質的データは，大変豊かな情報を有している。このような質的データを，安易に数値に変換せずに，その情報量を最大限に生かしつつ，結果としてまとめていくのが質的分析である。

　質的分析をめぐって，科学的研究の重要なテーマである「客観性」と「一般化」について議論が尽きない。客観性については，データの測定や分析において，研究者（観察者）の先入観，解釈などの主観が入ってはいけないという考え方である。「このように変化してほしい」「これが問題だと思う」という主観をもった教育カウンセラーが研究を行う場合，データの収集段階でも，すでに何らかのバイアス（偏向）が影響する可能性がある。量的研究は，このような主観による影響を最小限にして客観的にするために，数量データを収集し，分析する。例えば，教師が「この生徒には，前回よりも足が速くなっていてほしい」という願いをもっていたとしても，50メートル走のタイムを計るという方法を取れば，「8秒04」など数量的データが得られ，客観的であるといえる。しかし，「以前より，ストライドが伸び，足の運びもスムーズで，前回の時よりも速く走ることができたようだ」という教師による言語的な記述のような質的データは客観的といえるか，このような質的データをもとにした質的分析は，客観的といえるかという問題である。

　一般性については，得られた結果を一般化することができるかという問題である。例えば，ある教育カウンセラー（A）が不登校状態にある中学2年生（a）を対象に行った事例研究で，「不登校の背景には自尊心の低下がある」という結論を得たとしよう。それでは，別の教育カウンセラー（B）が，別の不登校状態にある中学2年生（b）を対象に事例研究を行った場合，

やはり「不登校の背景には自尊心の低下がある」という結論が得られるだろうか。もし，（b）を対象にした研究では自尊心の低下が見られなかったとしたら，（A）の研究は一般性を欠き，不登校の研究というよりも（a）個人についての研究にすぎないので，不登校に関する科学研究としてはどれほどの意味があるのかという疑問が出る。

　質的分析の発展は，2つの方向で進んでいるといえる。1つは，質的分析であってもできるだけ客観性，一般性を説明できるような方法論を精緻化させていく方向である。第5章で紹介されるM-GTAやKJ法などは，このような視点から生まれている。もう1つの方向としては，客観性や一般性の追求をするのではなく，質的分析の長所を生かすという方向である。客観性や一般性を求めるのであれば，質的分析は量的分析に及ばない。しかし，質的分析は，客観性や一般性ではなく，「主観性」や「個別性」を生かし，量的研究では明らかにしにくい人間の心理の本質に迫ればよいのではないかという方向である。第5章で紹介される事例研究や現象学的アプローチなどは，こちらの方向といえるかもしれない。

１　質的データの収集

　質的分析に用いる質的データは，人間の本質に迫る，なるべく豊かな情報が含まれている必要がある。したがって，数値化されたり，カテゴリー化されていない，生に近いデータを収集するほうがよい。多くの場合は，ICレコーダで発話を録音したり，ビデオカメラで行動を記録しておくことが求められる。事例研究などで，録音や録画がむずかしい場合は，後からできるだけ詳細にエピソードや発話内容などを思い出して，記録しておくことがよいだろう。

２　質的データの加工

　質的分析に用いられるデータは，多くの場合は言語によって記述されている形に変換する必要がある。録音された会話を逐語録（プロトコル）にする作業，録画された映像を発話の逐語録と行動の文章記述にする作業などが必要である。すでに文章の形で得られているデータは特に変換する必要はない。

３　質的データの分析

　質的データの分析には，さまざまなやり方があり，具体的には第5章の第2節を見ていただきたい。M-GTAやKJ法の場合は，データを分割し，さまざまな作業を行いつつ，いくつかのまとまりを見つけていく方法をとる。事例研究や現象学的アプローチの場合は，データを細かく要素に分割するわけではないが，すべての記述を分析するのは困難なため，研究上重要な側面に焦点を当て，解釈，意味づけしていくということになる。

〔松尾直博〕

第5節 考察

リサーチには，必ず目的がある。考察は，その目的に対して行ったリサーチの結果のもつ意味を明確にする作業である。その作業においては，結果以上のことを類推しないように意識することが肝要である。

I リサーチ結果の使い道

1 考察の必要条件

考察を記述する際に，最低限記載しなければならない事項，つまり考察の必要条件は以下のとおりである。

・得られた結果と研究目的との関連について
・研究結果の解釈
・自分の研究結果とほかの研究結果の比較

具体的には，先行研究をもとに，さらに明らかにしたいことが研究の目的となっていることから，研究の目的に対して，リサーチした結果がどのような結果であったかは，必ず明らかにしなくてはいけない。そうでなければ，入口は掘ったが，出口までたどり着いていないトンネル工事のような論文となってしまうのである。

また，リサーチによって得られた結果について，なぜそのような結果になったかを明らかにしなければ，その結果は偶発的に現れた結果となんら変わりのないものとなってしまう。トンネル工事に例えるならば，掘り進める計画があっての結果であり，計画なくして単に掘り進めて完成したトンネルでは，次からの工事には役立たない工事となってしまうのである。

さらには，これまでの先行研究と比較することにより，自分の研究のオリジナリティを明確にすることができる。これまでのトンネル工事に，さらにつけ加えた新しい工法についてPRする場所でもあると考えるとよい。

2 考察の十分条件

考察を記述する際に，より充実したものにするための視点，つまり考察の十分条件は以下のとおりである。ここでは，特に実践研究における視点を提示する。

・実践を通じて対象者にみられた変化や実践プログラムの効果について，実践過程を詳細に分析し，その過程の客観的な事実から考察を行う。

参考文献
日本心理学会（編） 1991 心理学研究 執筆・投稿の手びき
國分康孝 1993 カウンセリング・リサーチ入門 誠信書房
日本教育カウンセリング協会（編） 2004 教育カウンセラー標準テキスト 上級編
中田英雄・金城悟（編著） 1998 大学生のための研究論文のまとめ方 文化書房博文社

・どうやってトンネルを掘るのか？
（研究の目的）
・トンネルを掘る見通しがある。
（研究の方法・計画）
・自分の工事のPR
（新しい知見）

・前記分析を受けての改善への具体的提言を行う。
・1事例では一般化はできないことを理解し，他事例においても共通していえることを先行研究から導き，実践の一般化を行う。

　車の運転にたとえるならば，ドアを開ける→シートに座る→鍵を鍵穴に入れる→鍵を回しエンジンを始動する……　と運転操作を事細かにするなかで，それぞれの動作が車を動かすうえでどのような意味をもっているのかを明らかにするようなものである。また，ほかのドライバーも行っている動作の共通点をあげることで車の運転の一般化ができる。さらに，初心者ドライバーの運転がスムーズな運転になるためにはどの動作をどのようにすればよいのかを提言することも，追試するうえでの参考となる考察といえる。

　なお，学校現場における実践研究の考察には，上記3点が欠けていることが散見される。筆者も学校現場において過去に記載した研究紀要等を読み返すと，まさにこの3点が欠けた考察を書いている。顔が赤くなってしまう次第である。

③　考察をする際の留意点

　上記とも関連するが，考察をする際に留意すべき点は以下のとおりである。

・「こうあるべき」という特定の価値観を前提にした考察をしない。
・特定の理論の枠組みだけで考察をしない。
・結果の事実が示す範囲以上のことを考察しない。

　例えるならば，「木を見て森を見ず」ならぬ「木を見て森を語る」というような考察は避けるべきだということである。1つのリサーチで明らかになることは，多くは森の中の木1本であったり，1本の木の枝や葉や花であったりするものである。多くの木が集まった森についてまで言及するのは，考察の範囲を越しているのである。また，1つのことにこだわると，これまでの先行研究の流れのなかで，どの部分で自分が行ったリサーチの独自性があるのかを不明確にしてしまうことが多いものである。さらには，自分が行ったリサーチの限界と範囲を認識

し，「空樽は音が高い」と思われないような考察にすべきだということでもある。

　総じていえば，1つのリサーチで明らかになることは限定されており，その限定されたことは何かを認識し，それについてのみ考察をすることが大切なのである。その際には，研究の目的にあげたことが達成されているかどうかが一番の視点となり，それが限定された結果であれば，そのリサーチは，非常に計画的に行われたものと考えられる。

　これらの留意点は，実践の苦労が大きかったり，研究課題についての強い思いがあったりすると，考察時に陥りやすい思考パターンである。実際，筆者も何度もこの思考パターンに陥り，論文を査読していただくたびに査読者の先生よりご指摘を受けたことである。「気持ちは熱く，考察は冷静に！」を心したいものである。

❹　リサーチ結果の使い方

　実践研究の考察であれば，リサーチの結果を実践に生かせるような提言をすることも考察となる。そのような考察は読者の実践に役立つとともに，追試を行う際の指針にもなることから，実践研究の考察に求められているものといえる。

　以下にそのような考察をする際の，上記までにふれていないポイントを示す。

　①実践結果の裏づけとなる理論を明確にする。
　②得られた結果のどのような知見が，実践において意味があったのかを明確にする。
　③実践をするうえで配慮した事項がどのように効果的だったのか，または効果がなかったのかを明らかにする。
　④実践するうえで整えなければならない環境を明確にする。

　①と②に関しては，実践の結果がそのようになった理由および得られた知見について，事前に概観した先行研究の理論だけではなく，幅広く一般化された理論を概観し，適用できる理論を用いて考察を加えてみることを勧めたい。一般化されている理論は，すでに多くの実践が裏づけを行っており，自己の実践の裏づけにもなるものがあるはずである。そして，その一般化された理論が提示できるのであれば，リサーチ結果の大きな裏づけができたともいえるのである。ただし，こじつけの適用は控えなければならないことは当然のことである。

　次に③と④については，追試を可能にするためのポイントといえる。実践においては，個々の環境が大きなファクターとなる。その実践者だから，その環境だからこそ実践可能であったという論文ではなく，環境を整えれば，誰もが追試できる論文にすることが大切である。そのことで，論文の汎用性が高くなり，有用な論文となるのである。よって，実践上で配慮したことや環境を明確にすることが，追試をする際の環境設定を明確にすることとなり，大切な情報となるのである。

用語解説　査読：一般に各種学会が発行する雑誌に掲載されている論文は，数名の審査員によって審査される。これを査読という。審査は，投稿者がだれなのかわからないように審査される。投稿者は，査読者からの指摘を修正する形で，論文を修正し何度かの再提出を行う。そのやりとりの後，採択されることが一般的な論文審査の形である。

Ⅱ 今後の課題

　どんなリサーチでも完璧ということはなかなかありえない。よって，行ったリサーチの限界と課題が必ず残るはずである。考察においてはそれらの点を「今後の課題」として論じることになる。特に実践研究においては，追試可能な示唆を行うために，以下のような課題をあげておくことが考えられる。

- 実践環境の設定の不足部分や改善点について
- 実践時の統制事項および統制できない事項について
- 実践が方法で記載したとおりにできなかった理由について
- 一般化できることと一般化できないことについて
- 先行研究と結果が違った点について
- 今後の実践研究の方向性と改善点について

　具体的には，だれもが追試できるような記述にするためには，実践を行った環境や条件の統制が明確であることが必要である。しかし，実際に実践を行う際には，その対象者の状態や実践環境の実態によって，条件や環境を統制できないことも多いものである。よって，だれもが実践できるような環境設定や統制等の条件設定ができなかった際には，その理由を述べる必要がある。また，どのようにすれば環境設定や統制ができるようになるかを示唆もしておくと，読者にとっては有用な情報になる。さらには，実践を行うなかで，研究の方法に示した実践ができなかった場合には，実践の妨げとなった事象や環境について記載しておくことも，追試上の有用な情報となる。

　また，これらのこととかかわり，実践事例で一般化できなかったことでも，次に追試を行う実践者に確認をしてほしいことや改善してほしいことなどを課題として記載しておくことは，自身の研究が先行研究として活用されることにもつながり，論文としての有用性を高めることにつながる。当然，自身としての今後の研究の予定や方向性について記載し，改善方向を示すことも重要である。

〔小野寺正己〕

用語解説　追試：追試とは，すでに他の実践者が行った実践を同じように実践することである。追試がリサーチになるかといえば，オリジナリティがまったくなければ，リサーチとはいいがたい。しかし，実践研究としては，同じ環境設定で同じ結果がでるということを明らかにした有用なレポートとはなり得る。

第6節 研究の倫理

教育やカウンセリングの実践と同様，研究にも倫理が存在する。リサーチを実施するにあたって，そしてその成果を発表したり論文にまとめたりするにあたって，研究に携わる者として最低限守らなければならない倫理について述べる。

I リサーチを実施する際の倫理

教育やカウンセリングの実践と同様，研究において求められる最も重要な倫理要件は，対象者の基本的人権の尊重である。

1 子どもの成長・発達を阻害しないこと

教育カウンセリングの研究対象は子どもである場合が多い。相手が子どもであるからといって，人権を無視したリサーチは厳に慎まなければならない。特に，子どもの健全な成長・発達を阻害するような行為は絶対に行ってはならない。例えば，「ほめ言葉の効果を測定するために，ある行為に対して，実験群はほめ，対照群はしかりつける」などの研究計画は見直されるべきである。

2 インフォームド・コンセント

教育カウンセリング研究においては，多くの場合，質問紙，観察，面接，心理検査などを通して，対象者からデータを得る。その際，リサーチの目的を明らかにしたうえで，対象者の同意を得ることが必要である。

一方，対象者がリサーチについて理解することが困難な子どもである場合には，できるかぎり保護者の同意を得ることが望まれる。

3 結果のフィードバック

研究は，何らかの形で対象者の福利につながるものでなければならない。したがって，リサーチの成果はできるかぎり対象者にフィードバックされることが望ましい。

ただし，研究結果を伝えることが対象者を傷つけることになる場合（社会的に望ましくない資質であることが判明した，など）は，伝え方に細心の注意を払わなければならない。あるいは，対象者が子どもである場合は，対象者自身のプライバシーに配慮したうえで，本人に代わって保護者や教師に結果が伝えられることがあってもよい。

参考文献　日本発達心理学会（監），古澤頼雄・斉藤こずゑ・都筑学（編）　2000　心理学・倫理ガイドブック　有斐閣

参考：日本教育心理学会倫理綱領　一般綱領（抜粋）

> 綱領1　人権および人間の尊厳に対する敬意
> 　日本教育心理学会会員は，すべての人の基本的人権と尊厳に対して適切な敬意を払い，これを侵さず，人間の自由と幸福の追求の営みを尊重し，教育心理学における研究および実践活動，またそれらに関連する教育諸活動に携わる。そのため，研究・実践活動の協力者となる者に対して，個人のプライバシー，秘密の保持，自己決定および自律性という個人の権利を尊重し，特に子どもの健全な発達を損なわぬよう配慮する。このため学会会員は個人の権利や社会規範を侵すことのないよう努力し，個人に心理的苦痛や身体的危害を加える可能性をもつ行動に参加したり，それを認めてはならない。

Ⅱ　研究成果の発表および論文作成における倫理

1　プライバシーの保護

　研究発表や論文作成にあたって最も重要なことは，教育カウンセリングの実践と同様，対象者のプライバシーを守ることである。そのためには，①対象者（個人のみならず学校や学級などの集団であっても）の実名は伏せる，②事例研究においては，対象者および家族の属性（年齢，きょうだい関係，親の職業など）については適宜修正を加える，③さらにそのうえで，発表の際は事例が記載された資料は回収する，などの配慮が求められる。

2　データの扱い

　量的研究の場合，仮説と異なる結果となったり，期待していた有意差が見いだせなかったりすることも多い。その際，期待する結果となるよう，元のデータを改ざんすることは絶対にしてはならない。

　期待に反する結果が出たとしても，「仮説は検証されなかった」という立派な結果なのであり，なぜそうなったかについて考察が加えられればよいのである。

3　引用について

　先行研究や文献を引用したり参考にする場合，必ずその文献名を明らかにしなければならない。「ほんの少しだから文献名を書かなくてもよいだろう」などと考えてはならない。むしろ，数多くの文献が引用されているほうが，その研究の質が高まると考えたい。

　なお，近年，尺度構成のあり方が問題視されることが多い。ある尺度を作成しようとする場合，同様の尺度がすでに作成されていないかどうかを精査する必要がある。

　研究とは，「過去の研究成果という高い山に小石を1つ積み上げること」であるという例えがある。先行研究や文献に十分な注意と敬意を払うことが求められる。

〔会沢信彦〕

参考文献　日本教育心理学会　2000　日本教育心理学会倫理綱領

第2部 リサーチデザイン

第4章

量的研究のリサーチデザイン

リサーチには量的研究と質的研究が代表的であるが,本章ではまず,量的研究のためのリサーチについて,デザインの基礎,統計的な数量の処理について初歩的な内容を中心に説明する。今,教育の現場で起こっていることを,量的な視点から検討できるスキルをぜひ身につけて,現象を客観的に見る視点を養おう。

第4章　量的研究のリサーチデザイン

第1節　リサーチデザインをしてみよう

リサーチとは調査研究のことである。何かを調査，研究しようとするとき，どのような対象をどのような方法で調査しようかとまずは考え，簡単な設計図を作り，実際の調査の準備を行う。その設計図作りがリサーチデザインで，第1節では，このデザインを作るうえで必要な統計的な基礎知識について紹介する。

I　母集団，サンプルサイズ，サンプリング

1　統計分析の2つの立場

リサーチにおける量的分析にはおもに統計的手法を用い，大きく2つの立場がある。

（1）探索的立場

探索的な立場では，得られたデータをあらゆる角度から検討して，新しい知見を得ようとするもので，アクションリサーチなどが代表的である。さまざまな手法が用いられ，探索的にそこで起こっていることや考えられることをまとめながら分析を進める方法である。

（2）検証的立場

すでにある仮説を検証・確認を行うためにその仮説に関連するデータを集め，その結果を導き出していくものである。

2　統計から情報を推測

例えばある集団の特徴を明らかにするために，母集団から代表的な標本を抽出して検討し，そこから母集団のもつ特徴について明らかにする。例えば，小学校1年生の友達に対する感情というテーマがあったとする。それを明らかにするために世界中の1年生を調査することは不可能である。そこで，日本のある地域の小学校1年生の子どもを対象に標本として調査・分析をして母集団としての「小学校1年生」の特徴を推測していく。

3　母集団とは

さきにも述べたように母集団とは調査の対象となる個体すべてからなる集団を指す。人間という母集団，哺乳類という母集団，小学生，乳児，3歳児など研究の枠組みによってその範囲も違うため，どの母集団について検討するかを明らかにすることが調査研究の第一歩となる。

4　サンプル（標本）とは

調査研究の母集団が決まったら，どのように標本（サンプル）を集め，どれくらいの標本（サンプルサイズ）があれば数量的に母集団についての推測が可能かといった「サイズ」について

参考文献
山田剛史・村井潤一郎　2004　よくわかる　心理統計　ミネルヴァ書房
田中敏・山際雄一郎　1989　教育・心理統計と実験計画法　教育出版

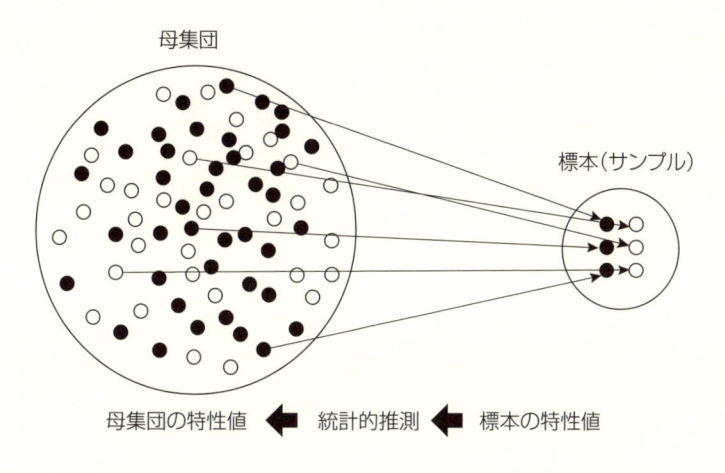

図1　統計における母集団と標本（サンプル）との関連

の検討が必要になる。

標本（サンプル）を集めることを「サンプリング」といい，母集団全体の性質を調べるために最も効率よく一部を選び出す作業である。母集団を推測するためには偏りがないように抽出することが求められる。例えば，日本の児童館の価値機能について調査を行う場合のサンプリングは全国の児童館リストの偶数番号の児童館を抽出する（ランダムサンプリング）や，各県1児童館を県ごとの一番目に載っている児童館をサンプルとして抽出するなど，公平に選出する方法で抽出していく。

5　サンプルサイズ（標本の大きさ）とは

それでは，調査研究しようとする母集団が決まり，標本（サンプル）をどのように抽出するかも決まった。しかし，ある一定の客観的な結果を求めるためにはサンプルのサイズが問題となってくる。

統計的に必要なサンプルは「n」でその数が表される。例えばサンプルの数が100人であればn = 100ということになりこれが標本（サンプル）の大きさ（サイズ）ということになる。母集団の性質を明らかにするために必要なサンプルサイズの大きさは研究で明らかにしようとする内容によっても異なる。

しかし，教育カウンセリング分野でのサンプリングであれば何千ものサンプルを（例えばサンプルサイズ　n = 3000）集め，調査することは至難の業だろう。

一般的には数百から数千といわれているが，五十〜数百程度であれば，検討する内容によっては異なるが，サンプル数としては可能である。料理をしたとき，ほんの一部を小皿に取りその味見をして全体の味を確認する。サンプリングとはそのようなことを指している。

母集団とサンプルとの関連を図1に示した。統計的な研究における母集団，標本（サンプル）

との関連が理解できると思う。

II 独立変数，従属変数

リサーチは調査研究という説明をしたが，調査研究で重要なのは調査結果の実態をだれがみても同じような解釈ができるということで，そのために数量を用いて客観的にその調査の結果について考察することが求められる。

1 変数とは

人間の成長発達を考えると，身長や体重といった発達的な数値，同じ国語でも1学期と2学期，3学期と成績に変化がみられるといった能力に関する数値など，さまざまな数値によって成長発達をとらえようとする。このような，個人の能力や資質，個人が置かれた状況や環境により上述の数値は変わる。

このような数値を変数と呼ぶ。そして，この変数の集まり，例えば国語の成績が「Aさん65点，Bさん78点，Cさん95点，Dさん59点……」というようにこれらの値を集めたものをデータと呼ぶ。

2 独立変数とは

- 他の変数の値の変動に影響を受けない変数である。
- 独立変数のみで研究は成立せず，従属変数との関連で仮定される特徴をもつ。
- 原因があり結果が生まれるという実際的なとらえ方でいうと因果関係において原因側とみなされる変数（原因変数）ということもできる。

3 従属変数とは

- 他の変数の値の変動に依存する，影響を受ける変数である。
- 実際の研究などでは，複数の変数が存在してそれぞれの変数間に因果関係が考えられた場合，結果側（結果変数）の変数としてとらえられる。

4 独立変数と従属変数の関係

(1) 数学からみた変数

数学で登場する変数の関連を表した数式で関数 $y = f(x)$ というものがある。この数式から独立変数と従属変数をとらえた場合 x を独立変数，y を従属変数と呼ぶことがある。

(2) システムからとらえた変数

システムというとらえ方からこの2つの変数をとらえると，独立変数はシステムに対する入力 (input)，従属変数はシステムに対する出力 (output) ということができ，これらの枠組みを生体システムとみなして，独立変数としてのものにある「刺激」を与え，従属変数としての「反応」をみるというのが心理学研究の基本スタイルと考えられている。

(3) 統計分析からみた2つの変数

　実験心理学などの文脈からこれらの変数をとらえると，独立変数は実験操作可能な変数であり，従属変数は明確に測定可能な測度といえる。また，分散分析法での要因・水準は独立変数で測定される測度が従属変数となる。

5　事例から変数を考えてみよう

＜ビデオ自己評価法による研修効果の検討：冨田，2007＞の研究から

(1) 研究の概要

　この研究は自分の援助行動を研修実施者が撮影した保育場面のVTRを自分で視聴し，視聴後，援助行動目録（チェックリスト）で自己評価するという研修の効果を測定し，この方法の意義や価値を示そうとした研究である。

(2) この研究で扱った変数

　独立変数は…研修を受ける保育者の心理特性としてビデオへの抵抗感，達成動機を測定した。この測定の値が「独立変数」にあたる。それぞれの個人特性がベースになり，研修の効果に影響を及ぼす「原因」となっているかが問題とされるからである。

　従属変数は…独立変数の変動に依存するものであるから，この研究の場合，援助行動目録でチェックされた自己評価得点と研究者がビデオの行動分析で得た「援助スキル頻度」という保育者の行動量の変化が従属変数としてとらえることができる。

＜SGE　体験過程の研究その3：片野，2010＞の研究から

(1) 研究の概要

　この研究は2010に開かれた教育カウンセリング学会第8回研究大会で発表された論文である。おもな内容は，SGEの重要な構成要素である全体シェアリングについて個人の体験過程やグループでの体験過程が影響を及ぼすかについて検討した。その結果，全体シェアリングに影響を与える可能性が示唆されたのはグループ過程であった。

(2) この研究で扱った変数

　独立変数は…先の研究の説明で示したように，独立変数は原因や起点となる変数なのでSGE体験過程（グループ過程・個人過程）が全体シェアリングに与える影響を検討する研究で独立変数はSGEの体験過程（グループ過程・個人過程）ということになる。

　従属変数は…この研究で変化を検討したい内容は全体シェアリングの変化であり，「全体シェアリング評価」という測度で具体的には防衛機制緩和，他者理解，自己理解，行動変容，感情体験の4カテゴリーが得た得点の変化からその影響を検討している。このことから，従属変数は全体シェアリング評価ということになる。

参考文献
冨田久枝　2007　保育者のためのビデオ自己評価法　北大路書房
片野智治　2010　SGE体験過程の研究その3―全体シェアリングとの関係―　日本教育カウンセリング学会第8回研究発表大会発表論文集，42-43.

Ⅲ 実験群，統制群

　ある試みを行いその効果を測定するような「研究調査」では，おもにその現象が起こる原因や，得られた結果が客観的であることを明らかにすることが目的となるため，その効果を測定するためにアプローチをする「実験群」とまったく何もしない「統制群」を設けて比較検討することがある。

① 2つの事柄を比較したい

　研究調査では統計による数量的な検討を，さきに述べた「変数」でとらえ検討する。そして，その測定された変数「測度」は平均値として処理して，この2つの平均値に関係があるかといった比較により検討することが一般的であり，この分析方法を「t 検定」と呼ぶ。例えば，男女で養育態度に差があるかといった問い「リサーチ・クエスチョン」を明らかにする場合，養育態度を測定する尺度で得点化し，その得点の平均値を比較することでその違いを「t 検定」で検討することができる。一方，男女といった明らかに性質の違う対象を比較するのではなく，同じ対象を比較する場合は単純な比較はできない。特に，指導法やカウンセリングアプローチの効果の比較などは，それを実施した群と，実施しない群で違いがあるのかといった視点から検討されることが多いのである。例えば，小学校3年生を対象にそこで行われたソーシャルスキルトレーニングの効果を確かめるためには，トレーニングを行った群と行わなかった群を設定し，比較からその効果を確認する方法がある。

② 実験群とは

　処遇を受けるグループ（群）を指し，例で示したソーシャルスキルトレーニングを行ったグループにあたる。

③ 統制群とは

　「統制群」とは「実験群」に対して実験群で行っている処遇を受けないグループ（群）のことで，例で示したトレーニングを実施しない3年生のグループにあたる。

④ 群間の比較から

　群間の比較というのは，設定した「実験群」と「統制群」の2つの群に違いがあるかを検定するもので，2つの平均値を比較するためには，指導法やアプローチに関する効果が測定できる尺度を設け，その平均値で比較する。ソーシャルスキルトレーニングであれば，個々のソーシャルスキルが得点化できる質問紙を使い平均値を比較することになる。

⑤ 事例からの実験群と統制群を理解しよう。

＜ビデオ自己評価法による研修効果の検討：冨田，2007＞の研究（前掲）

（1）実験群・統制群としての概要

参考文献　梅田多津子・河野義章　2010　上手な授業の受け方尺度2010―聞き取りテストと関連―　日本教育カウンセリング学会第8回研究発表大会発表論文集，128-129．

表1 『上手な授業の受け方尺度2010』と『聞き取りテスト』の関連

	N	A問題	B問題	聞き取りテスト計
メモあり群	31	0.397	−0.002	0.134
メモなし群	29	0.129	0.102	0.141

　この研究では，保育者の援助行動に着目して，研修方法としての「ビデオ自己評価法」の検討を行ったものである。前項で紹介したのはビデオ自己評価法の効果測定について心理特性との関連を紹介したが，本項では効果測定のもう一つの方法として「実験群と統制群」を設けて検討した研究の一部を紹介する。

(2) この研究で設定した実験群と統制群

　この研究の効果に影響する要因として「ビデオ」を使用するという点にある。ちょうどこの研究をまとめるころ，保育者の研修として「自己評価研修」の必要性が叫ばれていたときであった。そこで，以下のように研究の枠組みを設定してその効果を比較した。

＊実験群（ビデオあり群）

　援助スキルチェック・リスト（援助行動を測定する40項目からなる質問紙）を使い，「よくやっている」から「やっていない」までの4件法で自己の保育場面ビデオを視聴して自己評価する方法で2週間に1回実施して得点を算出した。

＊統制群（ビデオなし群）

　実験群と同様の援助スキルチェック・リストを使用し，同じ2週間に1回の間隔で自己のその日の保育を想起して自己評価してもらい得点化した。

<『上手な授業の受け方尺度2010』の開発―聞き取りテストとの関連―：梅田・河野，2010＞の研究

(1) 研究の概要

　この研究は中学生を対象に自分が受けた授業における自己の「授業の受け方」を自己評価する方法で児童生徒の授業を聞く力を養おうとするものである。ここで紹介されている内容は，シェークスピアの作品をパワーポイントでみるという方法で指導し，前述した尺度と聞き取りテストの2つを測度としてその効果の違いを検討した。

(2) この研究で設定した実験群・統制群

　この研究で設定された実験群と統制群はパワーポイントによる授業内容をさらに効果的にするため「メモを取る」「メモを取らない」という2つの条件の違いによって「上手な授業の受け方尺度」の得点に差があるかを検討した。

　したがって，実験群は「メモを取る」，統制群は「メモを取らない」ということになる。

〔冨田久枝〕

第4章 量的研究のリサーチデザイン

> ## 第2節 測定尺度の作り方・使い方
>
> 本節では，尺度の作り方の基本と尺度の使い方の原則を理解できることをめざす。すなわち，尺度作成手順として，概念の明確化・項目の収集と決定・信頼性と妥当性の検討 を理解する。尺度使用の原則として，使用目的の明確化・構成概念の確認・調査方法・採点方法・結果の活用方法を理解する。

I 尺度を作る場合

尺度を作成する手順は次の通りである。①測ろうとする概念の明確化，②質問項目候補の収集，③項目の決定，④信頼性と妥当性の検討，この4つの手順を確実に行うことである。

1 測ろうとする概念の明確化

心理尺度とは，「心理的概念を特定の方法でデータ化し，一つの数値として把握しようとする」（堀洋道監修　心理測定尺度集I　サイエンス社）ことである。つまり，「尺度が対象とするのは，個人差として測定される特定の心理的傾向」（前記　心理測定尺度集I）のことである。そこで，測ろうとするものは何かを明確にする。これを構成概念という。尺度を作成するときは，先行研究等を踏まえながら，構成概念の内容を明瞭に具体的に定義する。例えば学級集団内での自己開示尺度を作るときは，「学級集団内で，過去の体験やありのままの自己を開示すること」具体的には「ふれ合いながら，自己を開示し，自己主張すること」といったように定義する。

2 質問項目候補の収集

質問項目候補の収集は，①対象者にたずねる，②現象をよく知っているエキスパートに聞く，③既存の文献・心理検査の項目を参照する，④自分で考える，といった方法がある。いずれの方法によってもよいが，④は必ず含めるようにする。

次に内容の選別をする。不要なもの・不適切なものを排除する。このとき①内容の妥当性（内容がとらえたい現象を射当てている），②内容の独立性（他の内容と重なっていない），③全体の項目数（多すぎず，少なすぎないようにする。分析しようとする現象のサイズを踏まえる）に配慮する。

次に文面の加筆修正をする。対象者にわかりやすい表現になっているか，ふりがなは必要かを吟味する。

次に逆転項目（項目の内容を反対否定に変えたもの）・ダミー項目（にせものの項目）の使

表　信頼性に関する分析の見本　自己開示尺度調査因子分析結果

質問項目	因子1	因子2	共通性
8　私は自分の考えをクラスの人に話すことができます	.646	-.054	.437
17　私はあまり自信のない考えでもクラスの人に話すことができます	.599	-.023	.487
6　私は自分の将来の夢をクラスの人に話すことができます	.588	.082	.509
18　私は自分の勉強の仕方をクラスの人に話すことができます	.510	.025	.496
20　私は自分の進路についてクラスの人に話すことができます	.429	.025	.432
21　私は生まれてから今までのことをクラスの人に話すことができます	.427	.172	.476
19　私は自分の嫌なところをクラスの人に話すことができます	.340	.246	.482
10　私は落ち込んだときの自分の気持ちをクラスの人に話すことができます	-.022	.878	.665
16　私は悲しい気持ちになったとき素直にクラスの人に話すことができます	-.021	.820	.553
3　私は自分が傷ついた出来事をクラスの人に話すことができます	.041	.662	.521
因子間相関	—	.767	
累積説明率	45.502	52.033	
α係数	.746	.828	

用を検討する。逆転項目もダミー項目も測定の信頼性を維持しようとする手段である。

次に評定尺度の作成をする。単極尺度（肯定－否定）か双極尺度（肯定－肯定）か。ポイント数を対象者の年齢や中心化傾向（「どちらでもない」に回答が集中する傾向）を考慮して決める。ポイント表現は文か数字にするかも決める。

最後に質問紙の編集をする。フェイスシート（年齢・性別などをたずねる項目），個人情報の取り扱いの説明文，教示文（注意事項・場面設定），回答見本，項目と評定尺度，事後の指示・予告，謝辞を編集する。

❸ 項目の決定

項目を決定するとき，調査を実施し，収集したデータをもとに分析を実施し決定する。調査は，実施時期，調査対象・対象数（項目数の2倍以上とする），調査方法を記録しておく。収集したデータをもとに，項目の反応分布をみて，偏った回答や回答もれのあるものは削除する。次にG-P分析（特定の1つの項目の得点の動きが，全体得点の動きと関連しているかどうか）やⅠ（項目）－Ｔ（全体）分析（項目全体得点と各単一項目の相関係数によって，全体と1つの項目の得点の動きの関連をみる）や因子分析（尺度を想定した構造に近づける方法）によって，項目を決定する。

❹ 信頼性と妥当性の検討

信頼性とは，「作成した測定尺度で，同一対象を何度測定しても，測定値に大きな変動がないこと」（前記　心理測定尺度集Ⅱ）である。これを検討するために，再テスト法（同一テストを同一集団の被験者にある期間をおいて繰り返し実施し，得られた数値の相関係数を求めるもの）・折半法（1つのテストを2個の平行テストを同時に行ったと考えて，2組に分け，2組のテストの相関係数を求めるもの）・内部整合性による法（折半基準で算出される信頼係数の平均値を算出する方法がクロンバックのα係数で，この数値から信頼性係数を算出する方法）

参考文献　堀洋道（監）　2001　心理測定尺度集　Ⅰ・Ⅱ・Ⅲ　サイエンス社

などがある。

妥当性とは,「尺度が測定しようとしているものを,実際に測っているどうか,その程度」(前記　心理尺度集Ⅱ)のことである。これを検討するために内容妥当性(項目収集や選定の手続きに問題がなく項目が網羅されていること)・基準関連妥当性(目的となる変数と尺度得点の相関を検討すること)・構成概念妥当性(尺度で得られる個々の得点が,構成概念を反映しているかどうかということ)などがある。

データ分析や信頼性・妥当性の検討は,統計パッケージ(SAS, SPSS, JUMPなど)を利用するとよい。

Ⅱ 尺度を使う場合

尺度を使うときは,何を測りたいかを明確にし,尺度の構成概念を確認して選ぶ。調査は最も適切と考えられるときに実施する。尺度はそのまま使い,項目の改変や勝手な採点をしない。結果は,日ごろの観察と合わせて理解し,調査対象を生かすために活用する。

1 尺度の使用目的を明確にする

尺度は,全体的傾向を見ようとするものと,個人の心理的傾向を見ようとするものがある。自分は尺度を使って何を見ようとしているかを明確にして使用しないと,間違った結果を使うことになる。使用目的が明確になったら,尺度集やインターネットなどを活用して,尺度の選定をする。このとき,信頼性・妥当性が確立されているものを選ぶ。できればスタンダードの認定を得たものを選ぶ。外国で作成された尺度は,日本での追試がなされているものを選ぶ。外国のデータサンプルだけで,信頼性・妥当性が示されていても,日本人に当てはまるとは限らないからである。

2 尺度の構成概念を確認する

次に尺度の構成概念を確認する。自分が測ろうとする内容と尺度の構成概念が一致しているか,その内容を含んでいるかを確認する。このとき,構成概念を自分なりに拡大解釈したり,都合のいいように解釈したりしない。尺度は作成者の考える概念を特定の方法でデータ化し,数値化しようとしたものである。尺度制作者の概念や定義を十分に理解し,自分が測ろうとするものと一致していることを必ず確認することが大切である。特に,尺度の下位尺度の1つを選んで測ろうとするときは十分に注意する。その尺度が測ろうとするある側面しか測れないからである。

3 調査は最も適切な実施時期に尺度の示す調査方法に従って実施する

調査の実施時期は,調査対象にとって最も適切な時期を選ぶ。季節,日時,健康状態などを考慮し,調査が最も適切にできる時期を決定する。午前に取るか,午後に取るか,昼食の前か

後かによっても，結果が変わる可能性がある尺度もある。尺度が示す調査方法を確実に守る。調査は，その目的や活用方法や結果のフィードバック方法や個人情報がどう守られるかも説明し，インフォームドコンセントを得て実施する。

❹ 尺度はそのまま使い，項目の改変や勝手な採点をしない

尺度は，フェイスシート（年齢・性別などをたずねる項目），個人情報の取り扱いの説明文，教示文（注意事項・場面設定），回答見本，質問項目，回答選択肢，事後の指示・予告，謝辞等からなっていることが多い。調査は尺度の本文中に示されている形式をそのまま使う。すべての質問項目を使う。

調査対象者のことを踏まえて，どうしても質問項目を減らしたいときなどは，再度，信頼性・妥当性の検討をしてからにする。質問項目の並び順は，尺度に示された順に実施する。勝手に順番を変えない。逆転項目やダミー項目が配置されている可能性もあるからである。

採点は尺度に説明されているので，それに従う。東大式エゴグラムのように調査対象者に採点させる場合などは，手順に従って，計算間違いのないようにする。逆転項目の採点は特に注意する。

❺ 結果は，日ごろの観察と合わせて理解し，調査対象を生かすために活用する

調査結果は，調査時に説明した目的や活用方法や結果のフィードバック方法や個人情報の扱いなどのインフォームドコンセントを守る。

調査結果を解釈するときは，結果を鵜呑みにしない。日ごろの観察と合わせて理解する。日常の観察と違った結果が示されているとき，複数の人によって，結果の吟味をする。それでも疑義が生じているときは，尺度制作者と連絡をとり，意見を求めるようにする。

調査結果は，調査時点でのものである。調査対象者は，日々刻々に変化している。調査時点での結果にこだわりすぎない。その変化を認める。調査は調査対象者の理解や成長のために活用するものである。ネガティブな活用にならないようにする。

なお，尺度調査を使って論文を書くときなどは，尺度の出典を明記する。営利目的で尺度を使用するときは，著作権者の権利を守る。必ず著作権者の許可を得る。尺度を用いて調査をしたときには，その尺度の制作者に，調査データと結果を知らせるようにする。

〔岡田　弘〕

参考文献　堀洋道（監）　2001　心理測定尺度集　Ⅰ　サイエンス社

第3節 記述統計的処理 ── リサーチのめざすもの

> 記述統計的処理では，得られた調査データや観測データなどを整理集約し，そのデータが表す集団の性質を明確にすることである。そのため，いかに数量データが表す意味を伝達可能な形で示すかがポイントとなる。

　記述統計的処理とは，平均や標準偏差，度数分布などを求めてデータの分布の様子を明らかにし，その特徴や性質を把握しようとするものである。

　観測された数量データを眺めていても，その特徴や示す意味を見いだすことはむずかしい。平均や標準偏差，度数分布などの形に集計することによってはじめて，特徴が浮かび上がり意味が見えてくる。また，集計した数値をグラフやヒストグラムなどに表すと，さらに視覚的にとらえやすくなる。

I　集計する

1　尺度，最大値・最小値

　表1の対戦する2つのチームにおいてどちらの選手の身長が高いかを比べたいときには，チーム全体の平均を算出して比べると全体的な傾向を比べることができるようになる。

　平均は，観測データの総和をデータの数で割ることによって得られる統計的な指標である。例えば，Aチームには，身長185cm，192cm，173cm，193cm，182cmの5人の選手がいるので，全選手の身長の総和925を人数5で割ることによって平均185が得られる。Bチームには，182cm，198cm，174cm，167cm，179cmの5人の選手がいるので，全選手の身長の総和900を人数5で割ることによって平均180が得られる。

　　Aチーム：$(185 + 192 + 173 + 193 + 182) \div 5 = 185$　　平均　185

　　Bチーム：$(182 + 198 + 174 + 167 + 179) \div 5 = 180$　　平均　180

　平均を求めることは，観測データを平らにならして，指標を得る方法である（図1）。

　チームの身長の幅に注目するのであれば，最大値，最小値を指標にすることになる。Aチームは最大値193，最小値173である。Bチームは最大値198，最小値167である。したがって，Bチームは，身長に幅があるチームであることがわかる。このように，平均と合わせて，最大値，最小値を求めると，より特徴が明らかになる。

表1 AチームとBチームの身長データ

	Aチーム	Bチーム
①	185cm	182cm
②	192cm	198cm
③	173cm	174cm
④	193cm	167cm
⑤	182cm	179cm

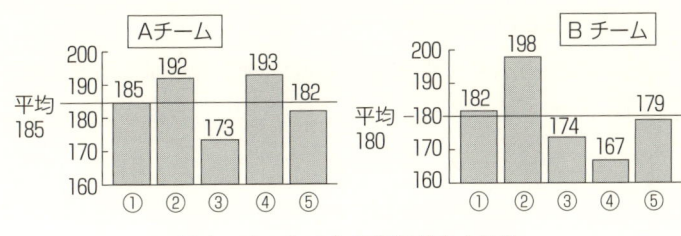

図1 チームごとの身長分布と平均

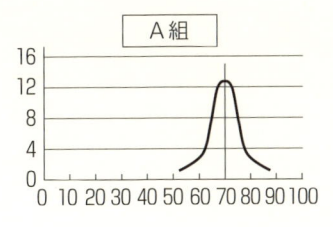

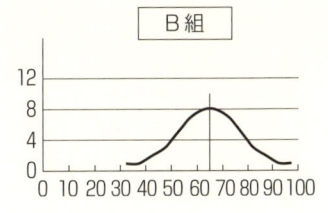

図2 A組とB組の学力テストデータの分布状況

2 標準偏差

次に学力テストの結果についてA組とB組の特徴を比べることを考えてみよう。さきに述べたように得点の平均や最小値，最大値を指標とすれば，平均から全体の傾向がわかり，最大値・最小値から高得点，低得点の存在と得点分布の範囲がわかる。

しかし，得点の分布を見たときには，A組のように多くのデータが平均70の近くに集まっている分布もあれば，B組のように平均65からはなれて点数が大きくばらついている分布もある（図2）。このようなデータのばらつきを知ることで集団の特徴がより明らかになる。データのばらつきの程度を表す指標として，標準偏差がある。

標準偏差では，個々のデータと平均の差に注目する。例えば，A組が，aさんからzさんまで26人の学級だとしよう。aさんの得点が75点であれば，平均70との差は，75 − 70 = 5，bさんの得点が82であれば，82 − 70 = 12である（この平均との差を「偏差」という）。このようにして，a〜zまでの全員の得点の平均との差である偏差を合わせてみたときにその値が大きいほど，得点のばらつきが大きいということになる。これが標準偏差の考え方である。（標準偏差を算出するには，平均との差の正負の符号を打ち消すために偏差の値を二乗して合計し，データの数で除して1データ当たりの平均とした後に平方根を求めて算出される）

このように，標準偏差を指標としてデータのばらつきの違いを知ることができる。図2のA組は平均70.0，標準偏差7.0，B組は，平均65.0，標準偏差9.0である。A組がB組に比べて標準偏差が小さく，全体として得点のばらつきが小さいことがわかる。

3 度数分布とパーセンテージ

次に，A組とB組で子どもの家庭での学習時間を調べたとしよう。A組，B組ともに，平均は90.0，最大値180，最小値0，標準偏差48.0と，ほぼ同じ数値が得られている。

しかし，観測データの分布は図3のようになっていた。平均，最大値・最小値，標準偏差）がほぼ同じであるにもかかわらず，データの特徴は大きく異なる。このような場合，データのとる値をいくつかの階級に分けて，それぞれの階級に含まれる度数を集計するとデータの特徴が見えやすくなる。このようにデータのとる値と度数を対応させたものを度数分布といい，度数分布の様子を表にしたものを度数分布表という（表2）。

また，それぞれの階級の度数が，全体のなかで占める程度をとらえやすくするためには，パーセンテージを求める。

II 表現方法

観測データが表す特徴は，平均，標準偏差，度数分布などの指標を求めると，とらえやすくなる。しかし，数値のままでは，直感的にとらえることはむずかしい。そのため，グラフ，ヒストグラムなどを用いて表現方法を工夫する。

1 グラフ

家庭学習の時間などのデータをA組，B組・・・・X組の学級のまとまりごとに比べるような場合，平均を棒グラフ（図4）に表すとその違いを視覚的にとらえやすい。

また，家庭学習の時間のデータのように，度数分布やパーセンテージを求めて全体の分布の状態を知りたい場合などは，円グラフに（図5）すると分布の様子が一目でわかるようになる。

2 ヒストグラム

ヒストグラムとは，度数分布の階級を横軸に，それぞれの階級の度数を縦軸にとったものである。度数分布を集計して分布の状態を明確にしたい場合には，ヒストグラムに表すと，分布の状態がとらえやすい。先に度数分布の項で例にあげた，B組の家庭学習時間の度数分布表をヒストグラムに表すと，図6のようになる。

記述統計的処理は，観測データを集計して，その意味を見いだし，共有できる形に表していく作業である。記述統計的処理をしながら実態についてのあらたな気づきを得ることも多い。また，わかりやすく結果を示すことでデータが表す意味を共有できる。記述統計的処理は，リサーチの基本として活用できるようにしたい手法である。

〔粕谷貴志〕

表2　度数分布表とパーセンテージの集計表

階級	0	～30	～60	～90	～120	～150	～180
度数	2	3	5	8	5	3	2
%	7	11	18	28	18	11	7

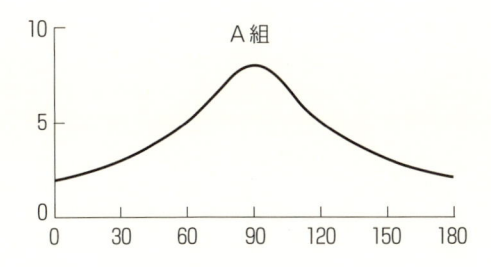

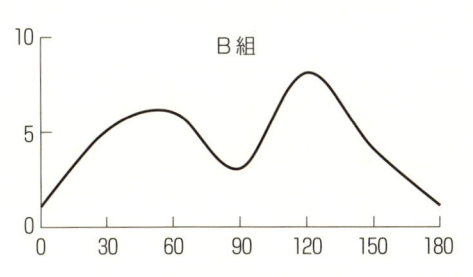

図3　A組とB組の家庭学習の時間データ分布

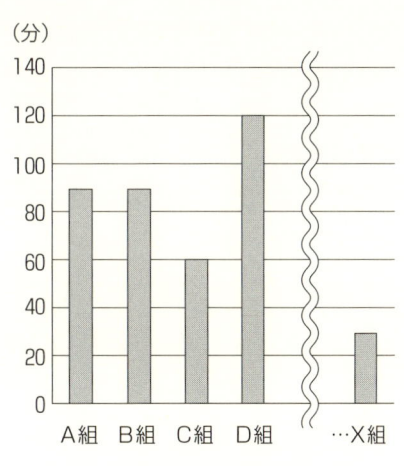

図4　A組の家庭学習量の棒グラフ

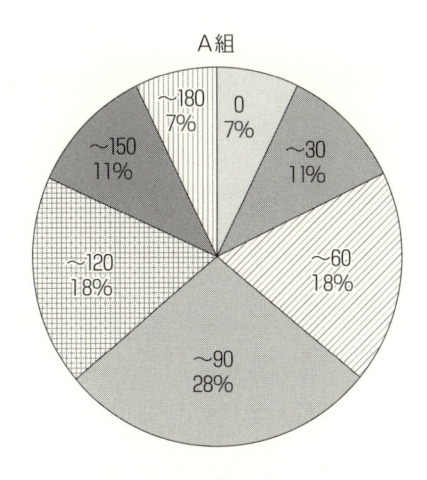

図5　A組の家庭学習時間の円グラフ

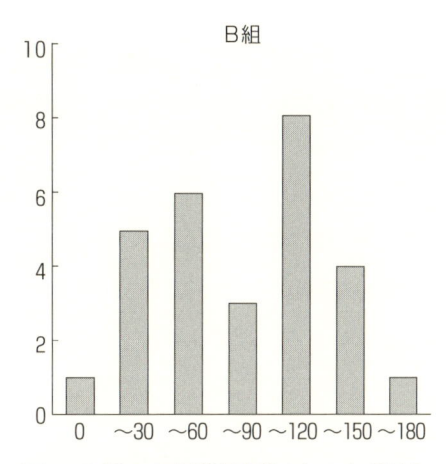

図6　B組の家庭学習時間のヒストグラム

109

第4節 推計統計的処理

標本すなわち一部のデータから確率論的に母集団の特性について推測する方法のことである。つまり，仮説を検証する際，すべてのケースをデータとして収集できないときに，収集したデータの特徴から検証しようとする全体の特徴を予測しようとする方法のことである。

I 推計的検討の基礎…帰無仮説と有意のレベル

1 帰無仮説とは

帰無仮説とは，統計的仮説検定で最初に設定される「差がない」という仮説のことで，棄却されることが期待されている仮説を指す。

大学生を対象に，「試験前日に徹夜して勉強するA群」と「試験1週間前から毎日1時間ずつ勉強するB群」を設定（勉強時間はどちらも6時間）し，どちらが試験の成績がよいか，という点について検証することとする。大学生をランダムに半数に分け，その2群で試験の成績を比較する。この場合，試験前日に勉強するよりも試験1週間前からこつこつ勉強するほうがよいことを示したいのであるが，これをどのように証明するのか。次の手順を踏む。

STEP1 　帰無仮説を設定する：帰無仮説とは，そうなってほしくない仮説，つまり，棄却されることを期待されている仮説のことである。「2つの群の成績には差がない」ことを帰無仮説とする。

STEP2 　仮説を判断する基準となる確率を，実際のデータをもとに算出する：帰無仮説があっているかを判断する数値（検定統計量）により確率（有意水準）を求める。

STEP3 　仮説の正否の判断をする：帰無仮説が起こる確率が5％よりも高い場合，「2つの群の成績に差がない」という帰無仮説は採択される。しかし，帰無仮説が起こる確率が5％よりも低い場合，帰無仮説は棄却され「2つの群の成績には差がある」という対立仮説が採択される。

2 有意水準とは

帰無仮説の棄却・採択を判断するための基準を有意水準と呼ぶ。表1の基準を用いる。

表1　有意水準の表し方

出現確率	表中での表記方法	有意水準
$.10 < p$	n.s.	
$.05 \leq p \leq .10$	†	有意傾向
$.01 \leq p < .05$	＊	5％水準で有意
$.001 \leq p < .01$	＊＊	1％水準で有意
$p < .001$	＊＊＊	0.1％水準で有意

参考文献　p は probability：確率，確からしさ，n.s. は Non-Significant：有意差なしの意味である。また，†はダガー，＊はアスタリスクと呼ぶ。

II 因子分析, χ^2（カイ二乗）検定, t検定, 分散分析, 相関係数

1 因子分析

因子分析は，たくさんの項目（変数）間の相互関連性を分析し，項目（変数）のまとまり（因子）を抽出する方法のことである。各因子で，その因子を最も代表していると思われる測定項目を選び出し，構成する。表2は無気力感尺度（下坂，2001）の因子分析結果である。因子分析は次の手順で分析を進める。

(1) 因子の抽出方法を決める：主因子法，最尤法などさまざまある。
(2) 因子軸の回転方法を決める：バリマックス回転，プロマックス回転などさまざまある。
(3) 因子の数を決める：固有値の減少傾向をみるスクリー法などにより因子数を決める。
(4) 因子の解釈をする：下坂（2001）は第1因子を「自己不明瞭感」，第2因子を「他者不信・不満足」，第3因子を「疲労感」と命名している。
(5) あてはまりのよい結果を探す：因子負荷量が.40以下の項目，2つ以上の因子に.40以上の負荷を示した項目を削除し，「無気力感尺度」を構成している。
(6) 因子間相関を算出する：プロマックス回転の場合，因子間相関を表2に示す。
(7) 信頼性（a係数）の検討をする：a係数は1に近づくほどよい。無気力感尺度では「自己不明瞭感」因子は$a = .84$,「他者不信・不満足」因子は$a = .76$,「疲労感」因子は$a = .84$であった。下坂（2001）は内的整合性の観点から信頼性は十分であると評価している。

2 χ^2（カイ二乗）検定：独立性の検定の場合

名義尺度のデータを検定する方法としてχ^2検定が用いられる。名義尺度とは「性別は？」という問いに対して「1. 男，2. 女」のいずれかを選ぶ場合など，カテゴリに数字を割り当てる。χ^2検定の独立性の検定は，2つの名義尺度（質的変数）に連関があるか否かを確かめるために行う。例えば，性別という質的変数（男子・女子）と性格特性という質的変数（外向・内向）を例にして考える。大学生にアンケートをとったところ，$2 \times 2 = 4$のセルに度数が配置される表3のクロス集計表ができたとする。このクロス表を見ると，内向の男子，外向の女子の人数が多く，性別と性格特性には連関がありそうだといえる。このような2つの質的変数間の連関を調べる際にχ^2検定を用いる。

χ^2検定では表3のように，データがいくつかのカテゴリに分類されているとき，そのカテゴリの度数に対して「すべてのカテゴリの度数は等しい」という仮説をもつ。「各カテゴリの度数には偏りがない」という仮説である。この仮説を表したのが表4である。これを期待度数（期待値）という。χ^2という検定統計量は「観測度数と期待度数の間のズレを評価するもの」である。実際の観測度数が期待度数をかけ離れているほど，χ^2値は大きくなる。

参考文献　下坂剛　2001　青年期の各段階における無気力感の検討　日本教育心理学研究, 49, 305-313.

表2 無気力感尺度（下城，2001）の因子分析結果

項目	F1	F2	F3
23 私は将来の目標をもって生きている*	.81	-.15	-.14
19 自分の将来を考えるとうんざりする	.75	-.03	-.06
14 自分の将来を真剣に考える気にはならない	.73	-.13	-.06
10 私の未来には希望がもてないと感じる	.65	-.11	.04
21 私は自分から進んで物事を行う熱意ないと感じる	.53	.14	.00
5 私は何事にも前向きに取り組む意欲があると思う*	.51	.06	.00
2 日ごろ目的のない生活をしていて自分がだらけていると感じる	.47	-.02	.15
25 私は自分がつまらない人間のように感じる	.42	.23	.14
7 私は自分らしさをもっていると思う*	.42	.09	.00
24 私には本当に困ったときに助けてくれる人がいない	.06	.75	-.13
25 私を本当に理解してくれる人は少ないと思う	-.03	.66	-.03
17 周囲の人たちのつきあいは退屈だと感じる	.07	.63	-.03
12 周りの人に助けを求めれば応えてくれると思う*	.01	.56	-.03
2 私の周りの人たちは面白さに欠けると思う	-.08	.55	-.02
20 自分がひとりぼっちだという寂しさがある	.06	.47	.13
6 私は毎日の生活で疲れを感じている	-.10	-.02	.86
15 日々の生活で体がだるいと感じている	.01	-.02	.78
11 日ごろ精神的に疲れたと感じる	-.01	.09	.70
4 多忙な毎日で疲れて何もしたくなくなる	.07	-.13	.64

因子間相関　F1　F2
F2　.57
F3　.44　.49

＊は逆転項目

表3 クロス集計表（観測度数）

	外向	内向	計
男子	100	200	300
女子	200	100	300
計	300	300	600

表4 期待度数

	外向	内向	計
男子	150	150	300
女子	150	150	300
計	300	300	600

表5 クロス集計表（山田・村井，2004）

	パチンコする	パチンコしない	計
たばこ吸う	90	40	130
吸わない	60	60	120
計	150	100	250

（1）χ^2検定は次の手順を踏む。

STEP1　帰無仮説の設定：「2つの変数は相互に独立である」：χ^2検定ではχ^2値と呼ばれる検定統計量を算出する。

STEP2　検定統計量（χ^2）と有意水準を決定し，実際のデータから確率を算出する。

STEP3　仮説の正否の判断をする。

（2）χ^2検定の例

クロス集計表から期待値を算出し，χ^2値を計算する。表5の場合，計算すると帰無仮説が棄却される。よって喫煙習慣とパチンコ習慣は独立ではなく連関があるということになる。

3 t検定

（1）t検定の前提条件

t検定は，2つの平均値に差があるかどうかを確認するための方法である。しかし，推測統計ではたまたま得られた標本における平均値の差を調べるのではなく，その標本が抽出された，元の母集団における平均値の差を調べることを目的としている。つまり，t検定では，「2つの集団の平均（母平均）の比較」をそれぞれの母集団から抽出した2つの標本によって行っているということになる。t検定を実施する際には，3つの条件を満たしていることが必要となる。

参考文献　山田剛史・村井潤一郎　2004　よくわかる心理統計　ミネルヴァ書房

- 標本抽出が無作為に行われていること（無作為抽出）
- 各群の母集団の分布が正規分布に従っていること（正規性）
- 2つの母集団の分散が等質であること（分散の等質性）

(2) t 検定は次の手順を踏む

STEP1　帰無仮説の設定「2つの群の得点に差がない」

STEP2　検定統計量（t）と有意水準を決定し，実際のデータから確率を算出する。

　　　　t 検定では t 値と呼ばれる検定統計量を算出する。t 値の算出の仕方は"対応のない"データか，"対応のある"データかによって異なる。"対応のない" t 検定は，男女など違うカテゴリの被験者の2群の平均値の比較や100人の被験者をランダムに2群に割り振り，平均値の比較をする場合に用いる。"対応のある" t 検定は，同じ被験者の5月と10月の2時点におけるデータの比較をする場合や双子を一人ずつ別の群に割り当てて比較をする場合に用いる。

STEP3　仮説の正否の判断をする。

(3) t 検定の結果の例

　実際の t 検定の結果を表6に例示する。コーピング方略の男女の得点の違いについて述べている。この場合，「問題解決」に関するコーピングは男子よりも女子が有意に得点が高いことが明らかである。また，「行動的回避」に関するコーピングは女子よりも男子が有意に得点が高いことが明らかである。

　なお，3つ以上の平均値を比較する際に t 検定を繰り返して使用してはいけない。有意水準が甘くなるからである。3つ以上の平均値を比較する場合は，分散分析を利用する。

❹　分散分析

　3つ以上の平均値を比較する際に分散分析を利用する。分散分析では，データの値にバラつきをもたらす要因を変動因としてとらえ，この変動因を要因による分散と誤差による分散に分解する。そして要因による分散を分子とし，誤差による分散を分母とし，この比率が一定以上である場合，要因の効果があると考える。すなわちデータの分散に占める要因のみの分散の割合が大きいことをもって，要因の効果があると判断する。分散分析においても t 検定と同様の前提条件があてはまる。

(1) 分散分析は次の手順を踏む

STEP1　帰無仮説の設定「A 群 B 群 C 群の3つの母平均は等しい」

STEP2　検定統計量（F）と有意水準を決定し，実際のデータから確率を算出する。

　　　　分散分析では F 値と呼ばれる検定統計量を算出する。

STEP3　仮説の正否の判断をする。

参考文献　大竹恵子・島井哲志・嶋田洋徳　1998　小学生のコーピング方略の実態と役割　健康心理学研究, 11 (2), 37-47.

表6　コーピング各下位尺度の男女別の平均値と標準偏差（大竹ら，1998）

コーピング方略	男子	女子	t値
問題解決	28.12 (7.20)	29.96 (6.65)	3.40***
行動的回避	14.17 (4.28)	13.36 (4.15)	2.03*

（　）内は標準偏差　　　　　　　　　　　　　　　　$*p<.05,\ ***p<.001$

表7　配慮のスキル得点別児童群の承認得点の分散分析および多重比較結果（河村，2003）

配慮のスキル	H群 (113名)	M群 (145名)	L群 (95名)	F値 (2,350)	多重比較 (5%水準)
承認得点	19.78 (3.69)	18.39 (3.51)	15.25 (3.59)	42.57***	H＞M＞L

（　）内は標準偏差　　　　　　　　　　　　　　　　　　　　　　$***p<.001$

STEP4　多重比較をする。

STEP3の分散分析の結果，5％水準で有意となったことが明らかになって終わりにしてはいけない。分散分析で分かることは全体としてみるとABC群に有意差があるという情報のみである。ABC群のどことどこに有意差があるのかということまではわからない。それを調べるために多重比較を行う。多重比較の方法にはTukeyの方法，FisherのLSD法，Dunnettの方法，Bonferroniの方法などさまざまある。それぞれの特徴により選択する必要がある。

（2）分散分析の結果の例

表7に，学校生活で児童が適応するために必要な配慮のスキルの得点によって，児童をH, M, L群に分類し，群ごとの承認得点の差異について検討した。結果，H群が有意に得点が高く，L群が有意に得点が低い，などの情報が読み取れる。このように，3群以上の得点の差の検定をする際は分散分析を用いる。

5　相関係数

相関とは2変数間の関連性を表す際に用いられる用語である。例えば，身長が高くなれば体重が増えるというような現象がみられた場合，身長と体重という2変数の間に相関があるという。相関係数は①関連の方向性と②関連の強さを示している指標である。

（1）関連の方向性

2変数の関連を散布図で表すと次の3つで表される（図1）。Aのように右上がりの図になる場合は正の相関があるという。Bのように右下がりの図になる場合は負の相関があるという。

参考文献　河村茂雄　2003　学級適応とソーシャルスキルとの関係の検討　カウンセリング研究, 36, 121-128.

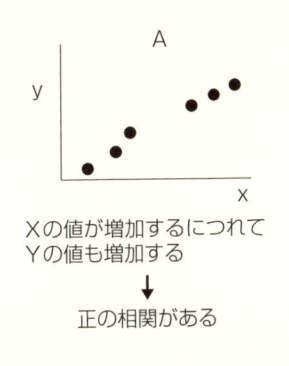

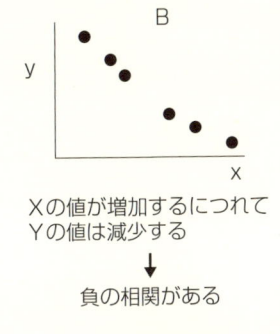

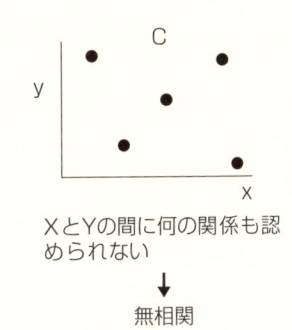

図1 2変数の関連

A：Xの値が増加するにつれてYの値も増加する → 正の相関がある

B：Xの値が増加するにつれてYの値は減少する → 負の相関がある

C：XとYの間に何の関係も認められない → 無相関

表8 相関係数と関連の強さ

相関係数の値	相関の強さの表現
$0.7 < |r| \leq 1.0$	強い相関
$0.4 < |r| \leq 0.7$	中程度の相関
$0.2 < |r| \leq 0.4$	弱い相関
$0 \ \ \ < |r| \leq 0.2$	ほどんと相関がない

表9 中高生版無気力感尺度との相関

		大学生版無気力感		
		自己不明瞭	他者不信	疲労感
中高生版無気力感	中学生（n=125）			
	意欲減退	.51***	.36***	.71***
	消極友人	.32**	.60***	.29**
	学習態度	.52***	.22*	.22*
	高校生（n=116）			
	意欲減退	.39***	.28**	.65***
	消極友人	.15	.59***	.26**
	学習態度	.50***	.22*	.20*

$*p< .05$　$**p< .01$　$***p< .001$

Cのように2変数の間に何の関連性もみられない場合は無相関であるという。

(2) 関連の強さ

相関の程度は、相関係数という値によって表す（表8）。相関係数の値は－1から1までの値をとる（$-1 \leq r \leq 1$）。正の相関の場合、その値は正の値をとり、負の相関では負の値をとる。相関の強さは表8の基準を用いる。

(3) 有意性の検定

相関においても有意性の検定を行う。

＊（アスタリスク）がついている部分が有意であることを示している。表9は、大学生版無気力感尺度と中高生版無気力感尺度の相関分析結果を示している。この表から、大学生版の無気力感尺度の「疲労感」と中学生版の無気力感尺度の「意欲減退」に $r = .71$ という有意な強い正の相関がみられる、などの情報が読み取れる。

〔武蔵由佳〕

堀洋道（監）櫻井茂男・松井豊（編）　2007　心理測定尺度集Ⅳ　子どもの発達を支える＜対人関係・適応＞　サイエンス社

加藤司　2007　心理学の研究法　実験法・測定法・統計法　北樹出版

第5章

質的研究の実際

質的研究は，量的研究と対をなす研究法である。プラクティショナー・サイエンティストとして，質的研究法と量的研究法の両方の論文が理解できることは，必須のことである。本章では，質的研究の本質，歴史，特徴，理論，方法，種類，その実際を学ぶ。

第1節 なぜ質的研究か

> 質的研究は，人間の経験の「意味」にかかわる研究である。量的研究の限界を補うものとして用いられるようになった。質的研究では，個人の主観の世界に深く入り込み，主観の世界に個別性を超えて顕現する「普遍的なパターン」を見いだしていく。QTA，M-GTA，IPA，TAE などが主たるアプローチである。質的研究を行うことが，臨床家としての力量形成に直結する点が大きな魅力である。

I 質的研究とは何か

1 質的研究の意義―量的研究との関係―

　質的研究とは，ひとことでいえば，人間の理解や経験の「意味」にかかわる研究である。

　量的研究ではたとえば「35歳独身女性」の意識について多くの人を対象に調査を行い，数量としてデータ化を試みる。一方質的研究では，面接調査者（インタビュアー）が面接対象者（インタビュイー）の内面に深く寄り添って聴いていくことを通して，彼女にとっての「結婚」や「結婚していないこと」の「意味」をつかみ取り，記述していく。

　質的研究の意義について，戈木（2006）は量的研究の対象にいまだなりえない未開拓のテーマについて「仮説の生成」を行うことにあるという。そこで生成された「仮説」を検証するのが量的研究であり，質的研究と量的研究は，相互補完的関係にあると。

　しかし，質的研究で生成された「仮説」がすべて量的研究の対象となるわけではないし，量的研究に「仮説」を提供することに質的研究の意義が限定されるわけでもない。

　質的研究には，量的研究とは異なる「普遍性」についての考えが存在している。「普遍」は「個」に顕現するから，「個」のなかに深く沈潜することによって「普遍」は見えてくる。人間の内面の真実にかかわる「普遍性」は「個」のなかに沈潜したとき見いだせるのであり，それは多くの人に共通してみられる「一般性」を求めていては接近しえない。このことを最初に強調したのは，ゼーレン・キルケゴールであった。

　現代の質的研究の前提にも，これに近い考えが存在している。例えば「35歳の独身女性」3名を対象に，彼女らが自分にとって「結婚」や「結婚していないこと」の「意味」をどのように経験しているのか，半構造化面接を行う。面接調査者は3名の面接のなかにいくつかの「パターン」が共通していることに気づく。振り返ってみると，1人目の面接の最中にすでにその「パターン」に気づいていたことがある。個別例を深く検討することで，そこにすでに暗黙のうち

参考文献　戈木クレイグヒル滋子　2006　グラウンデッド・セオリー・アプローチ　新曜社

に存在していた普遍的なパターンを見いだしうるのである。

② 質的研究の歴史

量的研究は近代科学の手法で心理学を自然科学モデルで体系化する試みである。これまで心理学の中心は量的研究であった。しかしそこでは，時として，統計的なデータに収まりきれない，個の主観の世界のリアリティが捨象されてしまいかねない。質的研究が最近広まっている背景の1つは，量的研究のこうした限界が実感されているからだろう。

インタビュアーの主観の世界に映った経験の意味を記述していく質的研究は，ディルタイの「生の哲学」やフッサール，ハイデッガー，メルロ・ポンティ，ジェンドリンらの現象学の影響を大きく受けている。言語学や社会学の最近の発展を受けて20世紀後半から心理学でも用いられるようになってきた。認識論的側面の強いフッサール現象学の「現象学的還元」や「本質直感」といった考え方を用いて，人間の内面的現象をそれ自体の側から明らかにしようとしたハイデッガーの『存在と時間』が，質的研究への現象学の影響を決定的にした。

③ 質的研究の特徴

質的研究の特徴を3つあげる。1つは「主観」の世界に深くかかわることである。個人の主観的世界の内側に入り込みそれを理解するにとどまらず，そこに「普遍的なパターン」を見いだす。面接対象者の主観の世界に深く入り込むことができると，深い真実の世界にふれることができる。その内面的真実には，個人の個別性を超えた普遍性が顕現している。質的研究は主観の世界に個別性を超えて顕現する普遍的パターンに関心を寄せる。

2つ目は，対象者の生活世界の「意味」の理解や創造にかかわることである。これは，量的データをいくら集積しても不可能なことである。

3つ目は，質的研究の研究者としての力量形成が，臨床家としての力量形成に直結しうることである。量的研究の力量が伸びてもそれが直接，臨床的力量形成に結びつくとは考えにくい。一方質的研究では，調査者のインタビューが優れたものであれば，調査対象者が自らの体験を振り返り，その意味をつかもうとするプロセスが促進されていく。「わかってもらえてよかった」「自分の体験を振り返り，その意味を理解することができた」と優れた質的研究の調査対象者はしばしば語る。もちろん，面接調査はカウンセリングを目的としたものではないが，相手の内面世界やその主観的な意味をその内側から理解する力が質的研究者には不可欠である。カウンセラー教育の観点からみると，研究と臨床の齟齬が少なく，研究能力の育成が臨床能力の育成に直接結びつく点が，質的研究の優れた点である。

Ⅱ 質的研究の理論と限界

① 質的研究の諸理論

質的研究の理論，アプローチ，データの分析方法には実にさまざまなものがある。しかもそのいずれもが異なる学問や理論，方法を母胎として生まれている。そのため，質的研究を一括りにして定義することはきわめて困難である。

古くから用いられてきた手法に事例研究法，会話分析，KJ法などがある。事例研究法がカウンセリングの分野で最も頻繁に行われてきた方法である。複数事例を丹念に検討することで共通したいくつかのパターンが見えてくる。すると，今後の見通しがついたり，どのような対応が可能かを考えることができる。多くの事例を知ることで，個人の経験知を超えた対応法を身につけることができる。

一方，ここ10年くらいの間に用いられるようになった，修士論文レベルで使われているアプローチには，GTA（グラウンデッド・セオリー・アプローチ：Grounded Theory Approach），M-GTA（修正版グラウンデッド・セオリー・アプローチ：Modified Grounded Theory Approach），構造構成主義，IPA（解釈学的現象学的アプローチ：Interpretative Phenomenological Approach），TAE（創造的理論構築法：Thinking At the Edge）などがある。いずれの方法でもデータ収集やデータ分析のプロセスで当初は思いもしなかった「新たな発見」を手にすることができ，エキサイティングである。

❷ M-GTA（修正版グラウンデッド・セオリー・アプローチ）

1967年に社会学者のグレイザーとストラウス（Glaser & Straus,1967）が開発したグラウンデッド・セオリー・アプローチをもとに木下（2003）がより実施しやすいように修正版を作成した。切片化を行わない点がオリジナルのGTAと異なる。ほかの質的研究法と比べると，時系列に沿ったプロセスの研究に向いている点，IPAと比べるとさまざまな事例の「共通項」を抽出していく点などが，特徴的である。分析ワークシートの作成など手続きが明確で，現在，質的研究では最も多く使われている方法である。

❸ IPA（解釈学的現象学的アプローチ）

共通の体験をした複数の人に半構造化面接を行い，テキストを収集し注意深く読み，発言の中心テーマを特定化し，仮説を生成する。M-GTAなどと比べると，さまざまな事例の「共通項」よりも，一つ一つの個別の事例に深く入り込み探索していく点，解釈学的現象学という哲学的背景により明確に裏打ちされている点などが特徴的である。

❹ TAE（意識の最先端での創造的理論構築法）

フォーカシングの開発者として著名な哲学者ジェンドリンが1990年代に創始し体系化した理論構築法。エッジ（the Edge）とは，意識の先端における，それ以上は言語化不能暗黙の（implicit）体験領域である。重要な意味をもつけれどもそれ以上は言語化できない何かを新しいターム（用語）を用いて表現し，それをもとに理論化していく体系的な方法。3つの段階か

参考文献
諸富祥彦　1993　人間形成における＜エゴイズム＞とその克服過程に関する研究—「主体的経験の現象学」による接近　風間書房
木下康仁　2003　グラウンデッド・セオリー・アプローチ—質的研究への誘い　弘文堂

らなり，第1段階「フェルトセンス（体内に生ずる特別な感じ）から語る」では，まだ漠然としているデータ理解を未分化な意味領域として確定させる。第2段階「実例からパターンを見つける」では，データに即して意味領域の側面を切り出し，それらを相互に関係づける。第3段階「理論構築」ではデータ理解をもとに形式的論理的理論を構築していく。TAE の全体は14 ステップの作業からなっており，訓練により習得可能である（得丸，2010）。IPA の一種であるが，手順が詳細かつ具体的にステップ化されているため，ステップに忠実に進めていけば，研究者個人の力量に頼ることなく分析可能な点が特徴である。

5 質的研究の限界

質的研究では，例えばインタビューが終わった後で，分析にさきだって，文字に起こしたデータを繰り返し読み込み，データにどっぷり浸ることが必要になる。データにどっぷり浸りながら，「感覚」や「直観」を駆使して，類似するものを集めてカテゴリーを作ったり，作ったカテゴリーにラベル（名前）をつけたり，そこで作られた「概念」を相互に関係づけたりしていく。このような作業そのものは，それぞれの分析方法で手順が確立しているが，その作業のなかで最終的には「直観に頼って」としか言いようがないような主観的な判断が大きくかかわっている。

質的研究法の限界の1つは，このように，どのような基準で分析しているのか，その勘所を「直観」とか「感覚」といったあいまいな基準でしか説明できないことにある。得丸（2010）によれば，その点，質的研究のさまざまなアプローチのなかでも，TAE には，これまでの質的研究では「直観」とか「感覚」としか言えなかったところを，「フェルトセンス」という「直接に照合できるもの」として，分析手順のなかに明確に位置づけている点が大きな強みである。また「フェルトセンス」という「直接照合体」に問い合わせて「解明」や「推進」が生起するかどうかが1つの具体的な真理の基準となりうる。

さらには，質的研究では多くの場合，10名程度の人を対象にインタビューするが，この程度の数の人を対象に調査をして本当に普遍性に接近しうるか，という疑問も生じやすい。この点も，TAE では，開発者であるジェンドリンの理論における IOFI (instance of itself) 原理により，理論的基礎づけが試みられている。IOFI 原理によれば，どのような個も，「それ自体」の1つの「例」である。「普遍性」そのものを表現することはできないけれども，質的研究によってさまざまな「例」を集めることによって，「普遍性」が照らし出され，次第に顕現してくる。例えば，「不登校の子どもが再登校への意欲を見せ始めるプロセス」をいくつもの事例をもとに検討すれば，そこに普遍的なパターンが見え隠れし始める。このように，TAE およびその基礎をなすジェンドリンの理論は，質的研究の限界を自覚的に乗り越えうる可能性を秘めたものとして注目に値する。

〔諸富祥彦〕

参考文献　得丸さと子　2010　ステップ式質的研究法――TAE の理論と応用　海鳴社

第2節 質的研究の方法

本節では，質的研究の実際として，「事例研究」「M-GTA」「現象学的アプローチ」「KJ 法」「発言分析・内容分析」などの代表的な方法を紹介する。

I 事例研究法

1 事例研究とは

　ある個人との面接の記録，ある学級への対応の記録，ある活動（例，運動会，修学旅行）の記録，つまり「こうしたらこうなった」といった日記風のもの，事実の報告だけのものだけでは，事例研究とはいえない。また事例会議（ケースカンファレンス）や事例研究会の単なる記録も事例研究とはいえない。

　事例研究とは，ある事例が終結した後，あるいは中断した場合，次の3つのフレーム（観点）のいずれかを定めて考察し，その結果を提示することである。この作業をリサーチ用語では事例研究法という。

　まず第1のフレームは仮説の提唱である。例えば，不登校の子どもを何人か扱っているなかに，この子どもたちの特徴は「家事を手伝わないこと」であると気づいたとする。ここから推論して，現実原則の体験が乏しいと，不登校になる傾向が強まるのではないかという仮説が提示できる。

　第2のフレームは概念の提唱である。すなわち，ある事象（例，不登校）をある概念で整理することである。例えば，幾人かの不登校児を扱っているなかに，素直な子どもが，ある日突然不登校になる事例があることに気づく。こういう子どもを「優等生のくたびれ型（小泉英二の分類）」という概念で分類できることを提示するのがその例である。あるいは土居健郎が日米のクライエントの比較をするのに「甘え」という概念を用いたのもその例である。

　第3のフレームは，ある方法の提示である。例えば，SGE のシェアリングという方法を，サポートグループに活用できるということを論証するために，あるセッションを用いて説明するのがそれである。あるいは，保護者会で SGE を用いる方法を提示するのも，その例である。

2 事例研究の書き方

　以上の観点で事例研究を文章化するときには，下記の事項にふれることを勧めたい。
　〈導入文〉

自分が日ごろから，問題と思っていること。

例えば，子どもがなぜSGEにのってくれないのか。あるいは，会議を効率的にする方法はないのか。どのような教師がバーンアウトにならないのか。まず，問題提起をすることである。

〈研究目的〉

何を発見したいのか。それを明示することである。例えば授業の中にシェアリングを導入すると，学習意欲が高まるのではないか。非行する子どもに教師はどう対応すればよいのかなど。

〈研究の意義〉

この研究は自分の興味のためだけでなく，子どもや同僚や学校に，どのような貢献ができるか。例えば，サポートグループは教師のバーンアウトを防ぐことができる。保護者会でのグループ・エンカウンターは親が仲よくなるだけでなく，子どもも仲よくなるなど。

〈事例の要約〉

どのようなことを，どのような意図で行われたか，その結果はどうであったか，なるべく具体的にイメージがもてるように記述する。例えば，「花子の父親は抵抗を示した」ではなく，「花子の父親は腕組みをし，固い表情で，聞かれたことにしか答えなかった」というふうに，状況描写をすると状況が把握しやすい。そこで，この抵抗を緩和するために「お宅のお子さんは，お父さんが優しいから大好き，と言ってましたよ」と伝えると，父親はにこりとした。以上のように事例を要約するとよい。

〈考察〉

この事例から何が言えるか。その理論的意義は何か，あるいはその理論的根拠は何か，あるいは実践上の貢献は何か。今後どんな観点で，どんな事例を研究したら教育現場の役に立つか。今回の事例研究の改善点は何かなどにふれることである。以上のことを踏まえた事例研究の例をひとつ紹介したい。

3　事例研究の例

主訴：家のお金3万円を持って，家出した少年の事例
家族構成：父（自営業）43才
　　　　　母（主婦）43才
　　　　　兄（高1）
　　　　　本人（中2男）

(1) はじめに

われわれ教育カウンセラーの集団指導法と個別指導法は心理職のそれとは異なるところがあるのではないか。それがどういうものかを明らかにしたいと常日ごろから考えていた。

(2) 研究目的

本事例の研究目的は，教育カウンセリングは心理療法と異なり，①現実原則の提示，②カウンセラーの自己開示に特徴があるのではないかということを提言することである。

(3) 研究の意義

教育カウンセラー養成カリキュラムはかかわり技法に偏向せず，積極技法（例；論理的帰結法，自己開示，フィードバック，助言，解釈など）も加えるとの提言の根拠になる。

(4) 問題の経緯

家の金3万円を持って家出し，一週間後に戻ってきた中学生の父親が来室。中学をやめて働きたいと本人はいうが，父親は，高校くらいは卒業させたいという。カウンセラーは「高校に進学する気にさせましょうとは約束できない。しかし，人さまに迷惑をかけずに食べていける人間にしたいとおっしゃるなら，引き受けましょう」と返事した。父親は，しばらく考えてから，「高校進学の件は諦めて，先生にお任せします」と答え，父親との契約はすんだ。ここで，本人とのカウンセリングに入る。

(5) 面接の経過

1回目：本人は頭髪を染めている。キャバレーなどの楽団に入りたいという。楽器いじりが趣味だという。「バンドマンとして食えるようになりたいの？」と確認したら，そうだという。「父親の反対を押し切ってバンドマンになるのを手伝えばいいのね」とさらに確認。そこで本人との契約が成立した。

2回目：契約は成立したが，今後の面接方針が立てられるほどの情報がない。そこで，受理面接の続きをもった。父親と子と別々に会った後で，子と私の面接を主にして，必要に応じて父とも会うことを提案した。

3回目：いよいよ3回目から本人だけ来室。バンドマンになるにはどうしたらよいか。情報を手に入れないことには人生計画が立たないからと，彼を伴って音楽の先生を訪問。また音楽系の各種学校の入学案内を取り寄せることをクライエントに提案した。

4回目：バンドマンになる決意のほどが強まった。つまり，音楽系の学校に進学する気になった。私は，彼がこういう人生を歩みたがるのはなぜかをクライエントに説明。つまり，彼の問題はシブリング・ライバルリー（同胞競争）に由来しているのではないかと告げた（これは，彼の兄は勉強好きであるが，彼は勉強嫌いという事実からの推論による）。この「精神分析的解釈」を父親にも伝えるように告げる。

5回目：父親はバンドマンなど大嫌いだという。「あなたの人生だからあなたの悔いのないようにしなさい」と支持しつつ，「食えないからといって親父にお金をせびるようになってはだめだよ。反対を押し切ってなるのだから，成功しなくちゃだめだよ。そのためには計画をよ

く練ることが大事だよ」と教育レベルで締めくくった。

　6回目：兄は私立高校に入っているが，彼が私立に行きたいというと父は反対したことがあった。彼には小遣い銭もくれない。弁当のおかずも彼のがいちばん貧弱だとカイン・コンプレックスを表現した。「君がそういう思いをしていることを親父さんは知っているだろうか」と問うと「先生から親父にそのことを伝えてほしい」という。そこで，次週は父親に来てもらうことにした。

　7回目：父親のみ来室。私は本人の弁護士という役割を果たすため，こういった。「お金は愛情のシンボルゆえ，やはり現金で与えないと効果がない。ぜひ実行すること，それで様子を見てまた考えればよい」とアドバイスした。父親は「実は次男のほうがしっかり者で，むしろ期待しているのだ」と，もらした。

　8回目：本人のみ来室。「君の親父は君のほうがしっかりしていて期待しているらしいよ」と伝えると本人は意外だという表情で，しかし，うれしそうな顔をした。さらに彼は「ところで先生，親父が小遣いをくれたんですよ」とニコニコ。ただし，月末に決算報告をするという条件です」という。そこで私は「君はタバコ代はどうするの？」と聞くと「適当にごまかしますよ」という。私は「わずか500円のために，君はウソの人生を歩もうとしているの？　それでは，あまりに自分が哀れじゃないの？」と迫った。私のこの彼との対決は，彼にとってかなりこたえたようだった。この彼との対決が，彼に煙草を止めさせるきっかけになった。

（6）考察

　「心理療法的カウンセリング」では問題解決のために，潜在意識や無意識レベルまで掘り下げ，快楽原則志向的になり，現実原則の緩和を試みることが多いが，教育カウンセリングでは意識のレベルに留まり，現実原則の枠の中で快楽原則にふれることが多い。

　それゆえ，クライエントが音楽の世界を知るために音楽の教師に会うようにアレンジしたり，現物給付はシブリング・ライバルリーの解決にならないとアドバイスしたり，「わずか500円のために，今後，偽りの人生を歩むつもり？」と対決したりするのである。

　教育カウンセラーのカウンセリング・スキルのフレームには，ロジャーズ（Rogers,Carl. 1902-1987）方式（受容，繰り返し，明確化，支持，質問技法）のほかに，アイビー（Ivey,Allen. E.1933-）の積極技法（自己開示，助言，情報提供，対決技法）や，エリス（Ellis,Albert.1913-2007）のビリーフの修正の方式が有効だと思われる。そのためにはクライエントとのリレーション（信頼関係）が前提になる。したがって，教職にある教育カウンセラーは日常の教育指導を通してリレーションづくりができるので，本事例の示すような積極技法が用いやすいと考えられる。

〔國分久子，中村道子〕

II 修正版グラウンデッド・セオリー・アプローチ

質的研究の分析方法で注目されている修正版グラウンデッド・セオリー・アプローチによる分析手順を，例にそって紹介する。あわせてこの分析方法の魅力や限界を考える。

1 修正版グラウンデッド・セオリー・アプローチとは

質的研究の分析方法の1つに修正版グラウンデッド・セオリー・アプローチ（以下，M-GTAと略記）がある。M-GTAは社会的相互作用に関係する人間の行動の説明と予測に有効で，限定された範囲内の分析に力を発揮する（木下，2003）。データに現れた事例の状況を知ることではなく，データを通してその現象の構造とプロセスとを把握し，ほかの事例にも応用できるような理論を作り上げることを目標とする。適した研究領域として，ヒューマンサービス領域である医療や看護，臨床心理，そして教育の分野があげられている。

2 M-GTAによる分析の実際

ここではM-GTAの分析過程を簡素化したものを，例「小学校教師が困難に直面した際に援助希求し，援助を受けるにいたるプロセス」にそってみていく。詳しい分析手順は木下（2003）を参考にしていただきたい。①インタビューを逐語（データ）に起こす。②分析テーマを念頭におきデータを読み込む。この研究では分析テーマを「困難に直面した教師が援助希求にいたるプロセスの分析」「援助希求後，援助を受けるにいたるプロセスの分析」とした。③分析テーマに照らしてデータに着目し，それを1つの具体例として概念を生成する。生成された概念ごとに分析ワークシート（木下，2003）を作成し，概念名，定義，具体例などを記入する。（分析ワークシート記入例を参照）。④同時並行でほかの具体例をデータから探し，あらたな概念生成や，ワークシートの具体例欄に追加記入する。⑤生成した概念と他の概念の関係を検討し，複数の概念の関係からなるカテゴリーを生成する。⑥カテゴリー相互の関係から分析結果をま

―分析ワークシート記入例―

概念	学年主任の援助的リーダーシップ
定義	学年主任のリーダーシップのうち課題達成機能はもちろんのこと，特に集団維持機能が重視され学年主任が積極的に自分の学級や実践について自己開示し，ファシリテーターのような役割を果たしていること
具体例	・学年主任が自分のクラスのことで「○○さんが授業中に教室を歩き回って困ってるのよ」などと話してくれるので，私も困っていることを話しやすかったです ・学年主任がすべて決めていくっていうよりは，話題提供とそのまとめ役をしていました
理論的メモ	学年主任が自分の実践や困っていることを自ら話していくと，ほかの先生方も話しやすくなる

参考文献　木下康仁　2003　グラウンデッド・セオリー・アプローチの実践―質的研究への誘い　弘文堂

図1 小学校教師が困難に直面した際に援助希求し，援助を受けるにいたるプロセス

とめ，簡潔に文章化し，さらに結果図を作成する。⑦理論的飽和（新たにデータを取ったとしても新しい視点や確認すべき問題点が無い状態）をもって分析を終了する。

3 M-GTAによる分析の魅力と限界

戈木（2006）は質的研究の面白さを，データ収集やデータ分析の過程のなかで，考えつきもしなかった発見にたどりつけることとしている。この研究でも，学年の教師集団の雰囲気には「学年主任の援助的リーダーシップ」が大きく影響していること，援助希求の方法やその後受ける援助もさまざまであること，例えば「親身に話をきいてもらっていたはずがしだいに『そのやり方じゃダメよ』と援助が指導力不足の指摘にすり代わり，『自分のやり方がまずいのはわかっています…』とさらに落ち込む…」と必ずしも本人の援助になっていないことなど，あらたな発見が得られた。その一方でM-GTAで得られる結果図は骨格だけになってしまいがちで，インタビューで語られた先生方の生の言葉が反映されにくいという点に限界を感じている。そこで図1「小学校教師が困難に直面した際に援助希求し，援助を受けるにいたるプロセス」には，M-GTAの結果図に吹き出しで先生方の生の言葉をつけ足した。

〔吉満麻衣子〕

参考文献　戈木クレイグヒル滋子　2006　ワードマップ　グラウンデッド・セオリー・アプローチ——理論を生みだすまで　新曜社

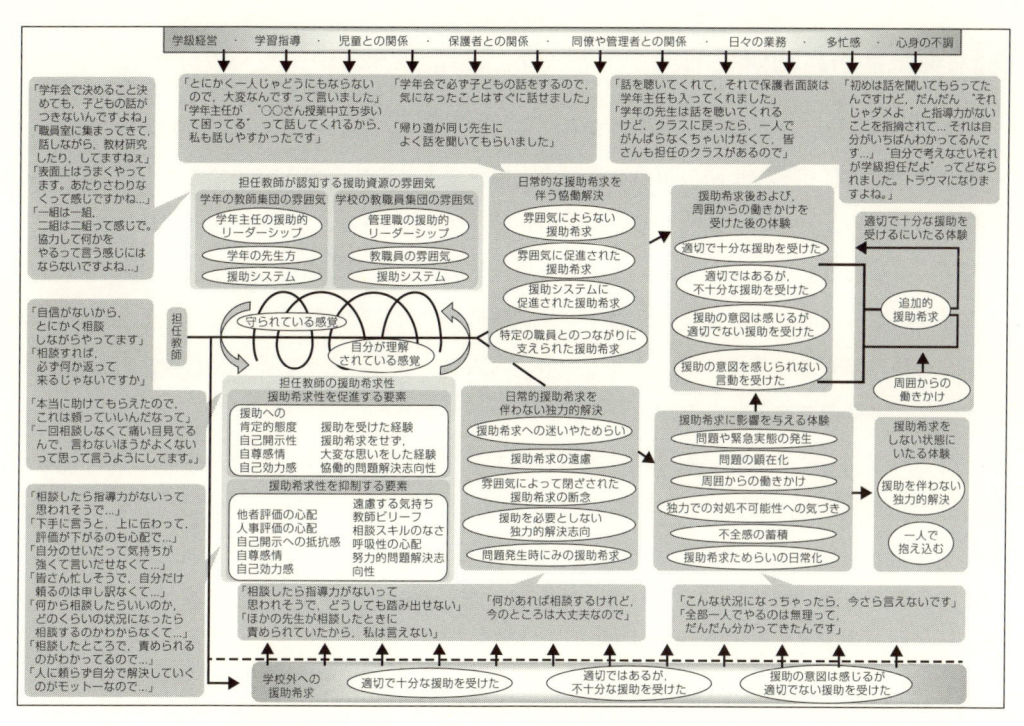

Ⅲ 現象学的質的研究法

　現象学的質的研究法は質的研究法の有力な方法の1つである。とりわけ個人の内的現象や個人間の相互作用としての集団の現象を考察する場合，きわめて有効な方法である。それゆえ臨床心理学を初めとする広い意味での「臨床の知」の研究法，いわば主観の客観化を目的とする研究には最も適した方法であるといえよう。現象学的質的研究法の最大の長所は，人間の感性的表現や思考の内的外的活動をより深くより正確にかつより総合的にとらえようとする現代の哲学的運動の諸成果を基礎にもつことである。人間の主観的表現をある種の普遍性をもって理解することが可能であることを示したのはディルタイであった。その普遍性は人々の間での「相互了解可能性」であって，この理解は解釈者による「創造」である。したがって，それらは主観的所産ではあるが，同時に他者によって了解可能なのである。しかし，フッサールやハイデッガーの人間的現象の哲学を質的研究に効果的に導入するには，研究者はこれらの哲学を学び，テキストをより深く精確に読み，パターンを取り出す訓練をかなり受ける必要がある。

❶ 具体例：テキストをどう読むか？

　ある大学院生は，海外就労に関する研究において，自分のインタビュアーが語る「行き当たりばったり」という表現の意味を文字どおりに「場当たり的な行動」と解した。しかし，その表現は自己卑下を含んでいるが，テキストの全体をみると，実質的には自分の能力を妥当に評価し，転職をする際に，仕事に対する彼の本当は真面目な取り組みを認めて，新しい仕事を提供してくれる知人などに対して身を預けるいわば「他信」の行動を物語っているという「事実」に気づかなかった。

　解釈学的現象学的視点は後に示すように，表面的な理解を極力避け，その人の語りの深層，真相に迫るものでなければならない。まずデータの入手に関していえば，研究意図が明快で，しっかりした問題意識から，リサーチクエスチョンを練り上げていけば，よいテキストの取得はそれぞれわずかに1時間か1時間半の半構造化面接で十分に可能である。また，発言の「真相」は，語られる言葉からだけではなく，前後の文脈と関連させ，発言の流れを1つの生きたプロセスととらえて，後で何度テキストを読み直しても，やはりそのように解釈できるものである場合にのみ「真相」ということができる。このような妥当な解釈を可能にするためには，解釈者自身の偏見を除去し（現象学的還元）なければならないし，その人の個人史とそれに関連する文化や歴史にも，また，生物学的要因をも配慮しなければならない。その発言がその特定の人による固有の状況との応答だからである。ベナーはハイデッガーによりながら解釈的現象学的質的研究のための視点を，1. 状況　2. 身体性　3. 時間性　4. 関心　5. 共通する意味に要約している。

参考文献
マクレッド　2007　臨床実践のための質的研究法　金剛出版
ベナー（編著）　2006　解釈的現象学　医歯薬出版
得丸さと子　2010　ステップ式質的研究法　海鳴社

❷ 具体的な手順

現象学的質的研究の基本的なやり方はムスターカスやジェンドリンなどの体験的（現象学的）理解の方法を進化・深化させる姿勢でよい。研究の対象である現象の本質を，研究協力者・対象者が体験しているあり方にそって，明らかにするのが目的である。手順としては：

① 体験者の体験を述べているテキストあるいはプロトコル（逐語記録）を収集する；例えば共通の体験を持つ複数の人々の体験を1時間か1時間半のインタビュー（半構造化面接法が普通）によって収集する。そこで何が語られているのかを深く理解しながら聴くことが大切で，上記の5つの視点が役に立つ。これは質のよい心理臨床の実践に似ている。「傾聴」の仕方を学ぶことは有益である。

② 全体的な意味をつかむためにテキストを注意深く繰り返し読む。

③ 当該現象にとって重要な叙述を取り出し，重要でない部分を捨てる。GTAやKJ法のようにすべてを切片化しない。人間同士は自分たちにとって何が意味で何が無意味であるかを，微妙に，しかし精確に了解するプロセスとしての生活世界を構成している。

④ 発言の中心的なテーマ，つまり重要な意味を特定する。この作業はすでに③で始まっているのだが，③がデータ密着的であるのに対して，ここでは研究の社会へ向けての，理論化へ向けてのパターンの取り出しが意識される。意味は個人のいわば内側で創造されるが，個人はその環境に開いて常に環境と応答しているのである。フォーカシングを多用しつつ，社会へ向けての考え，理論の形成を意図するジェンドリンの創造的思考法：TAE（Thinking At the Edge）の諸ステップを活用することが有益である。そうすればテーマあるいはその原型としてのパターンの取り出しが，単なる抽象ではなく，具体的なさまざまな例とのつながりを失うことなく可能になる。②③④は解釈学的現象学的質的研究の白眉，腕の見せどころである。

⑤ これらのテーマを現象の網羅的な記述に統合し，仮説を生成する。仮説はその現象に関する新しい視点である。

⑥ それらの仮説からさらに重要な概念を取り出して，理論構築をめざすこともできる。これはTAEでは10～14のステップに該当する。取り出された諸概念の根底に深い関連を見いだすことと，諸概念を交差させることが理論生成に有効な方法である。

最後に，ディルタイやフッサールやハイデッガーやメルロ・ポンティなどの哲学に依拠しつつ，思索の身体化の実践をめざすジェンドリンのフォーカシングとTAE（問題に関する自分の体の感じから概念を生成する方法）はこの意味で新しい現象学的質的研究を開く可能性がある。

〔村里忠之〕

Ⅳ　KJ法

1　KJ法の概念定義

　KJ法とは，川喜田二郎により考案・開発された，発想法（Abduction）の1つである。論理学的な視点から概念を述べれば，明確な概念をつかみだすことを目的とする。換言すれば，雑然としたさまざまな情報を整理し，そこからあらたな発想を開発また見いだす手法である。

2　KJの理論的背景

　川喜田（1967）によれば，科学の研究方法は図1のように整理される。一方，科学は書斎科学，実験科学，野外科学に大別される。KJ法は，これらのうち野外科学に依拠している。すなわち，書斎科学は過去の情報のストックを頼りに研究者が頭のなかで推論を組み立てていくことを重視する（図1中のA→D→E→H）。しかし，そこには真偽を確かめる決め手がない。一方，実験科学は実際の観察と経験から仮説を実証していく（図1中のD→E→F→G→H）。この意味で，野外科学は実験科学と共通項をもつ。しかし，野外科学は観察また経験の場が野外である。また，その対象はありのままの自然であるため，さまざまに複雑な諸要素が絡み合っており分析的研究には適さない。さらに，一回性的・個性的でという特徴をもつ。そのため，実験科学が仮説をたてそれを検証していく仮説検証タイプの研究方法なのに対し，野外科学は観察や経験を重ねる仮説生成タイプの質的研究方法である。

　ちなみに，前述した2者について，例えば歴史学者が古文書を探し回り研究する際には，それらの文献は野外的な性格を帯びることになる。また，生物学者が実験室で顕微鏡をのぞき込みながら微生物を調べる際，顕微鏡下の世界は1つの野外といっても過言ではない。

3　KJ法の方法

　本項では，筆者が教員研修や学生への授業を前提に簡略化の方向で改良した方法を掲げていく。なお，本稿での方法は，小グループ（5～6人）での実践（演習）を前提としている。また，この方法は本来のKJ法の手続きを踏襲しており，個人で行う際もおおよそ同様の流れを踏む。

① 準備する物

　付箋紙：付箋紙。1人当たり，20～30枚程度。テーマを記入するための付箋紙を別に10～15枚程度（筆者は，単語カード程の大きさを使用している）。

　模造紙：図式化用（筆者は，A3サイズの情報用紙を使用している）。

　サインペン：図式化用に8色セットほどのものを，1グループ当たり1セット。

　その他：下書き用紙適宜。筆記用具（参加メンバーが持参）。

② 手続き

　（問題提起＝内部探検）：対象となる事物に対して何が問題なのかを，頭のなかで思い描く段

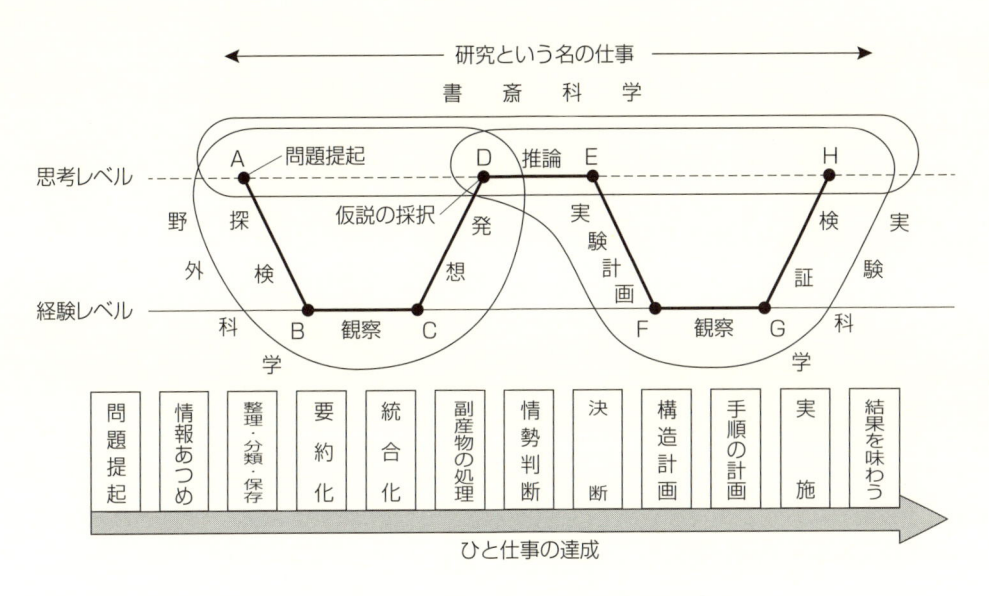

図1　研究という名の仕事（川喜田，1967）

階。なお，研修会や授業では問題提起（KJ法のためのテーマ）を提示することが多い。

（外部探検）：自分もしくはメンバーの頭のなか以外の世界に出て，当該の問題に関係がある，もしくは関係がありそうなあらたな情報を探索（探検）する。

1．カード記入：付箋紙に問題に関連して，考えたこともしくは思ったことなどを1行見出しとして，思いつくまま1枚に1つずつ記入する。
2．グルーピング：メンバーにより書き出されたカードをすべて机に並べ，関連する，また関連しそうなカードを束にしていく。なお，1つの束のカード枚数は，5〜6枚を目安とする。また，グルーピングされないカードについては，「その他」として独立させておく。
3．ネーミング：グルーピングしたカードの束ごとのネーミングを行う。その際，ネームのカードはそれまでのカードと色違いのものを使用すると便利である。
4．図式化：ネーミングしたカードの束を単位に，それぞれがどのような関係性にあるのかの視点で，統合を図りながら図式化する。
5．文章化：「4」で作成した図を具体から概念化の方向で文章化してまとめる。

〔稲垣応顕〕

参考文献
川喜田二郎　1967　発想法　中央公論社
川喜田二郎　1970　続・発想法　中央公論社

Ⅴ 談話分析（会話分析）

1 会話分析と談話分析

　談話（discourse）とは，一文を超えた何らかの意味のまとまりをもった結束性（cohesion）のある文の集まりのことをいう。話し言葉の会話（conversation）を分析対象とする場合には，「会話分析」（メイナード，1993）といい，発話データだけでなく記述データも含めて対象範囲を広く取る場合には「談話分析」として区分する。談話は，言語学，哲学，心理学，社会学，教育学，文化人類学，認知科学などの分野から研究されているが，カウンセリングの分野では，面接場面での談話の構造（開始部―本題部―終結部）が大切になる。開始部は，インテーク面接といって主訴が何で，カウンセラーのだれが担当するのが適切かを決める部分である。本題部では，複数回にわたる面接を来談者の談話の流れや談話の結束性によって，いくつかのまとまりに分けて整理し，事例報告することになる。終結部では，カウンセラーがどのような処置をしたか，来談者のどのような発言によって終了ととらえるかを見きわめなければならない。カウンセリングの事例報告にも，逐語録といって来談者とカウンセラーの会話を文字化した談話データをもとに，談話分析の視点を取り入れる必要がある。事例研究以前に，文字化した談話データがカウンセラーとしての自己点検・自己評価の材料となり，失敗事例の場合は反省材料となる。また，事例研究会がカウンセラーの自戒の機会となる。

2 談話の単位としてのターン（turn）

　発話データの談話分析では，話し手が話す部分をそれぞれの話し手のターンとして，談話の構造を考える際の単位とする。面接場面でのカウンセラーの「ええ」「なるほど」などの相槌は，独立したターンとしては扱わない。来談者中心療法では，カウンセラーとしては相槌や繰り返し程度で，来談者の話をさえぎらないように，なるべくターンの交替をしないように配慮する。実際に談話分析すると談話の特徴に気づき新たな発見につながることがある。

　教育カウンセリングの場合は，質問や指示の応答が多くなり，ターンの交替が頻繁なコミュニケーションの促進が望まれる。特に構成的グループエンカウンターのシェアリングなどでは，1人の発言者がターンを独占するのではなく，参加メンバー間でのターンの交替が頻繁になされることが望ましい。話者交替（turn taking）のルール違反が起きた場合の沈黙もある。沈黙には，「空所」「時間的経過」「意味のある沈黙」の3種類あるといわれている（ザトラウスキー，2005）。特に，「意味のある沈黙」は，意識的な理由のある沈黙で，むだな「空所」ではない。長期記憶の中で特に語彙情報が蓄えられている部分「心内辞書」（御領，1998）に検索をかけていたり，発言内容を整理していたり，発言を躊躇していたり，対話者への無言の抵抗の表明であったりする。

参考文献
メイナード，泉子・K　1993　会話分析　くろしお出版
ザトラウスキー，ポリー　2005　「会話のつながり」　新版日本語教育事典　大修館書店
御領謙　1998　心内辞書（mental lexicon, internal lexicon）
苧阪直行（編）　1998　読み―脳と心の情報処理　朝倉書店
倉地暁美　1992　対話からの異文化理解　勁草書房

③ 多弁は不安の表れ

一人の発言者がターンを独占し，対話者が相槌を打つ余地もなく，機関銃のように話し続ける場合がある。そのような話者交替を許さないような多弁は，ほとんどが発言者の不安の表れと考えられる。海外生活が長かった人が帰国した際に，きわめて多弁になる場合がある。それは周りの人に伝えたいことが山ほどあるというだけでなく，帰国後の自分が自文化への逆不適応に不安になっていることの表れの場合がある。

④ 談話分析の方法

談話分析は，発話データか，記述されたデータを分析することから始まる。研究の目的に応じて発話データを録音して文字化する。記述データの場合は，心理書簡法（psycholettering），役割交換書簡法（role lettering），教師と学習者の交換日記に相当するジャーナル・アプローチ（倉地，1992）などがある。ジャーナル（journal）というと新聞や雑誌を連想するが，航海日誌などの日記の意味もある。ジャーナル・アプローチの実施者は，外国人留学生に対する学習援助者（journal partner）としてどのような教育的配慮をもってフィードバックしたかというコメントをつけている。そのコメントが談話分析に相当する。ジャーナル・アプローチは，異文化理解，異文化間カウンセリングに用いられてきたが，その対象者を外国人に限る必要はなく，援助者（helper）の立場から交換日誌のようにして広く活用できる方法である。

電子メールのやりとりによるメール・カウンセリングは，いたずらや架空の事例もあるため，カウンセリングとは認めない立場もある。しかし，対面の面接を補完するメール・カウンセリングは，書簡法やジャーナル・アプローチに相当する効果が期待できる。特に時間的制約がある場合や遠距離に相談者がいる場合などには，メール・カウンセリングという方法も活用でき，その内容は，談話分析の対象となる。無料通話できるスカイプ（Skype）の活用もできる。

いずれにしろデータを取る際，結果を発表する際には，対象者の了承が必要となる。

⑤ 関連領域

談話分析は，「えー」「あー」などの間投詞，感動詞，言いよどみ，つなぎの語などといわれてきた「フィラー（fillers）」の研究（山根，2002）などミクロな言語学的レベルから，ストーリー・テリング（story telling）の分析（吉川，2002），ライフストーリー調査のようなマクロレベルの研究まで対象範囲に幅がある。研究分野によって，同様の内容も名称や区分方法が異なることもある。

ライフストーリー（life story）研究，ライフヒストリー（life history）研究は，ナラティブセラピー（narrative therapy）とも関係し，カウンセリングに密接にかかわる研究分野である。専門学校の留学生を対象にインタビューしたライフストーリー調査において，日本人学生と留学生との「境界意識」の問題などが報告されている（三代，2008）。　　　　〔林　伸一〕

参考文献

山根智恵　2002　日本語の談話におけるフィラー　くろしお出版

吉川達　2002　ストーリー・テリングを素材とした談話分析―「一寸法師」の紙芝居を用いて―　教育学研究紀要，48，中国四国教育学会

三代純平　2008　専門学校におけるクラス・コミュニティへの参加の問題　WEB版リテラシーズ，5 (2)，くろしお出版

第6章

論文の書き方・読み方
―研究論文・一般論文の異同―

　研究論文を書く場合，何を，どのように書くべきかについての一定のルールがある。それは「執筆の手引き（投稿の手引き）」にて示される。本章では，自分が研究したことを，どのように書けば研究論文として認められるかについての留意点，また，ほかの人の書いた研究論文を読み方の留意点などを提示したい。

第6章　論文の書き方・読み方

第1節　研究論文と一般論文の書き方の違い

本節では，研究論文を書くときの留意点として，随筆や一般論文との違いを糸口とした。すなわち，研究論文は，一般論文と異なるところとして，研究の方法や手続きを明確に記し，ほかの人も追実践が可能なように書くことが求められる。

いわゆる学会といわれるものは，特定の研究者が集まり研究成果を交換し合う会のことであるが，それぞれの学会には，会員が研究成果を発表する大会（年次大会）と雑誌（学会誌）とがある。大会発表や学会誌には，「このように研究成果を書いてください」という書き方のルールを示した「執筆の手引き*」が用意されている。本章では，このような「執筆の手引き」を理解するうえで役立つような情報を示したい。

I　論文と随筆などとの違い

論文は，自分の意見や見解を論理的に述べたものである。ここでいう論理的とは，自分の意見や主張について，根拠（論拠）を示して筋道を立てて述べることである。

したがって，論文は，感じたことを自由な形式で書く随筆とは異なる。自分は論文を書いたつもりであるが，先輩に見てもらったところ，「きみの文書は随筆だよ」といわれたら，自分が書いた文書は，意見や見解ではなく，感想めいたものを書くにとどまっているのかもしれない。

同様に，論文が単なる「読後感想文（読書紹介文）」，「人の意見や主張の受け売り」，「引用ばかりの継ぎ接ぎ（いわゆる「コピペ文書」）」，「根拠のない自己主張」，「自分の体験の押し売り」などにならないように注意してほしい。

II　研究論文と一般論文の異同

研究の成果を著した研究論文も，自己の意見や見解を論理的に述べた一般論文（いわゆる「論考論文」）も，自分の意見や主張を述べるために書く。ときに，意見や主張の明確でない論文も見られるが，そのような論文を何のために書いたのか，その意義がわかりにくい。研究論文であれ一般論文であれ，問題意識が重要であることは同じである。どのような問題意識のもとに研究をしようとしたのか，あるいはどのような問題意識をもって論文を執筆しようとしたの

注釈　*日本教育カウンセリング学会の場合も，大会発表や機関誌が用意されていて，投稿論文作成の手引きが「教育カウンセリング研究」に掲載されている。

かが，読む人に伝わるように書くことが求められる。

　しかし，研究論文と一般論文とは，意見や主張の正当性を裏づける根拠の示し方に違いがある。一般論文の場合は，すでに自明となっている事実や考え方を拾い集めたり構成し直したりして，それらを論拠として自分の意見や主張の正当性を示すことが多いが，研究論文の場合は文献や資料を調べて，あるいは研究対象について直接に実践や調査などを行って，自分の意見や主張の正当性を示す根拠を見つけだすところに違いがある。研究は，このように時間と労力がかかるものなので，研究論文の価値は，論文の意見や主張自体の価値とならんで，その論文の文献や資料を調べた価値，あるいは実践や調査などによって見いだした事実やデータの価値によって評価される。

Ⅲ　研究の方法が合理的であることを理解してもらえるように書く

　このように研究論文は，文献研究であれば文献や資料を調べ，実証研究であれば研究対象を調べることが重要となるので，どのように調べたのかについて論文のなかで記載することが求められる。その際，その調べ方が合理的であることが求められる。例えば，自分の意見や主張に合致するような文献や資料だけを調べたら，明らかに公正さに欠けると判断されるので，文献や資料の使用が公正・公平であることを理解してもらえるように書く必要がある。その際，文献や資料の引用の書き方も「執筆の手引き」に従って書く。また，直接に研究対象を調べた場合でも，独りよがりの調べ方ではなく，多くの人から信頼されている方法や実践によって調べたことを理解してもらえるように意識して書く必要がある。

Ⅳ　研究の方法をほかの人もほぼ実践可能なように書く

　方法について，どのくらい詳しく書いたらよいのかについては，自然科学系の論文が1つの参考となる。おもに観察や実験を用いて研究する自然科学は，発見したことが真実か否かを判断するためにほかの研究者による追試験が可能となる程度に詳細に方法を書き込むことが求められる。実際，追試験によって，結果の再現が得られなかった論文が「捏造論文」として否定されることがある。

　教育カウンセリングの実践は，科学と芸術の境界に位置するので，同じ実践をそっくり再現すること自体がむずかしい。それゆえ，自然科学のような追試験を求めることはできないので，方法の厳密な記載が必要でないにしても，論文で扱われた実践に興味をもったほかの方が，ほぼ同じような実践ができる程度に書き込むことをお勧めする。

〔新井邦二郎〕

第2節 研究論文の中に書き込むこと

研究論文には，著者が書きたいことと読者が知りたいことが同時に盛り込まれていなければならない。少なくとも，問題意識，目的，方法，結果，考察の5点は必要不可欠である。本節では，それらをどのように書き込んでいけば読者にとってわかりやすくなるかについて，例を示しながらみてみよう。

I 研究の問題意識

問題意識とは，ひとことでいえば「なぜそのような研究をしようと思ったのか」のことである。論文によっては，「緒言」「問題」「はじめに」のように記載する。この部分は著者と読者との出会いの場であることから，問題意識を正しく共有できるような記載が求められる。

1 具体性

例えば，「生徒のやる気を高める必要がある」のように記載されていたとしよう。そのことに同意はできるが，しかし，読者としては，本研究においてどのような現象を扱おうとしているのか，抽象的すぎてイメージの湧かない場合がある。例えば，「学級崩壊からの回復過程で，生徒の学習への意欲をどのように高めたらよいか」のように，問題意識には，この研究を進めようと思った，教育実践上の具体的な課題を記載するとよい。

2 論理性

教育実践上の具体的な課題がていねいに記載されていても，論理性に欠け，論旨が独りよがりに感じられる場合がある。仮説の根拠があいまい，方法が不適切，論理展開が飛躍しすぎという場合が多い。それを防ぐためには，後述する「先行研究のレビュー」を踏まえて「これまでの研究でわかっていること」「わかっていないこと」を整理して記載する。そうすることで，研究方法の適切性や新しい研究の必要性がいっそう明確になる。

II 研究のテーマと目的

研究のテーマとは，ひとことでいえば「この研究により何をどこまで明らかにしようとするのか」のことである。研究のテーマは通常，「対象」×「現象」×「研究方法」で規定される。例えば「小学校高学年の学級崩壊について，河村（2006）のQ-Uを用いて研究してみよう」と考えている場合，「小学校高学年（対象）」×「学級崩壊（現象）」×「Q-Uを用いた質問紙調査（研究方法）」のように規定される。「生徒のやる気を高めるために」というテーマの設定よりも，「小

参考文献　河村茂雄　2006　学級づくりのためのQ-U入門―「楽しい学校生活を送るためのアンケート」活用ガイド　図書文化社

学校高学年における学級崩壊に関する Q-U を用いた質問紙調査」というテーマ設定のほうが，「この研究により何をどこまで明らかにしようとするのか」が的確に表記されることになる。前述した問題意識が集約されて，研究テーマや目的にたどりつく，という流れがよい。

Ⅲ 先行研究のレビュー

　先行研究のレビューとは，「これまでこのテーマに関連する研究を行った人がいるか。その研究ではどのようなことがわかっているのか」を概観し，整理しておくことである。先行研究を踏まえて研究を進める，というのは論文執筆の定石である。

1 先行研究の見つけ方

　先行研究の見つけ方は，①その領域の研究概要を事典で調べる，②文献検索データベースを利用する，の順番で行うとよい。まずカウンセリングに関連する事典がいくつか出版されているので，自分のテーマに関連する研究が，いつごろから，どのように進められてきているのかを確認する[注1]。もちろん，身近にその領域に詳しい研究者がいれば，直接聞くのも役立つ。ここでは研究テーマに関連するキーワードも調べておく。キーワードとは，概念・理論に関連するもの（例えば「SGE」）や，人名（例えば「國分康孝」）などである。

2 文献検索データベースの活用

　次に，文献検索データベースを利用して，先行研究を探す。もちろん，教育カウンセリング研究や心理学研究などの関連する学会誌を丹念に調べてもよいが，現在では，インターネットを介して，さまざまな文献検索データベースにアクセスできるので，さきに調べたキーワードを入力するだけで，関連研究が抽出される。心理学領域であれば，PsycINFO データベースが有名である[注2]。国内論文の検索であれば，国立情報学研究所が提供している論文情報ナビゲータ，通称「CiNii（サイニィ）」がよい。これは，大学研究紀要や雑誌記事が検索できる。試みに CiNii にアクセスし，「國分康孝」と入力して検索すると 100 件がヒットし，そのうち 20 件は本文が pdf 形式でダウンロードできた（2011 年 11 月現在）。このように著者やタイトル，掲載雑誌のような基礎情報だけでなく，アブストラクト（抄録）や論文全体も，即座に入手できることが多い。ほかに Google Scholar[注3] のような一般の検索サイトでも，論文検索が可能である。

Ⅳ 研究の方法

　研究の方法には，研究の手続きを明らかにするための必要な情報を記載する。一般的に少なくとも以下の 3 項目は書き込む必要がある。

1 対象

注釈　注1：例えば，教育カウンセリング研究に役立つ事典には，構成的グループエンカウンター事典（図書文化，2004），現代カウンセリング事典（金子書房，2001），スクールカウンセリング事典（東京書籍，1997），心理臨床大事典（培風館，2004）などがある。
　　　　注2：American Psychological Association　　　注3：http://scholar.google.co.jp/

ここでは研究の対象を示す。質問紙を用いた調査研究であれば,「小学校5年生35名（男子20名,女子15名）」のようになる。事例研究や質的研究のように対象者の匿名性に配慮する場合は,「事例A（小学校5年生,女子）」のようにアルファベットを用いるとよい。なお,教育カウンセリングの研究では,児童や生徒,教師のように人を対象とする場合が多い。現在では「被験者」と呼ぶのは不適切であり,調査対象者,調査協力者,あるいはインフォーマント（資料提供者）のように記載することが勧められている[注4]。

2 調査の時期

調査の時期は,研究の手続きにとってきわめて重要な情報を含む場合があるので,記載することが勧められる。例えば,新学期と学期末に2回,調査を実施したような場合は,調査の時期が結果と強く関連していることが予想される。ただし,勤務校で実施した調査の場合,個人情報を保護する観点から調査時期を記載しづらいこともあるだろう。そのときは,「調査は,200X年4月ならびに200X＋1年3月の2回実施した」のように記載すればよい。このように年代を秘匿すれば,調査対象者が特定されることはないからである。

3 調査内容

ここでは研究の手続きが明らかになるような記載が求められる。調査研究であれば,使用した質問紙などを,実験研究であれば実験器具について記載する。あらかじめ質問項目を設定しているインタビュー調査（半構造化インタビューも含む）のような場合は,その質問項目群を提示するとよい。フィールドワークや観察法についても同様に,それぞれの観察視点や分析コードを明示する。つまり,読者が同じ研究をしようとした場合,この内容を見れば追試ができるほどに,研究手続きの透明性が確保されていなければならない。

V 研究の結果

研究の結果では,どのようなデータが得られたかを客観的に記載する。効果的な記載には図表を活用し,統計検定の結果は正しく記載することが求められる。

1 図表の活用

数量的データであれば,表などを用いて,サンプル数（N）,平均値（M）,標準偏差（SD）を提示すると読者にはわかりやすい。要因連関を示すような場合（例えばパス解析）は,図（パスダイアグラム）にすると一目瞭然である。また,変化量であれば折れ線グラフ,群間の比較であれば棒グラフを作成すると,結果を効果的に提示することができる。

2 統計検定

仮説検証型の研究であれば,統計検定を行う場合の多いことから,それらの結果を正しく記載する。平均値の比較（t検定や分散分析）,相関検定,χ^2検定等,それぞれの検定ごとに記

注4：欧文の論文でも人を対象とする場合,すでに"Subject(s)"は用いず"Participant(s)"と表記することが一般的となっている。英文抄録を記載する必要のある場合は,この点にも注意が必要である。

載すべきことが決まっているので，先行研究や統計のガイドブックなどを参考にして記載するとよい。その際，統計検定の結果のみでなく，「つまり・・・であった」のようにひとこと加えておくと読者には親切である。例えば，「Q-U得点について平均値の検定を行ったところ，それぞれの調査時期において有意な差が認められた（$t(35) = 2.58, p<.05$）」のような統計検定のみの説明で終わらないで，「つまりQ-U得点は，学期初めよりも学期末に高くなることがわかった」のように，ひとことつけ加えておけば結果の意味が明確になる。

VI 研究の考察

考察とは，「この結果はどう解釈できるか」「この結果は実践にどのような意味があるのか」を吟味することである。結果の解釈のほか，結論や提言などを含める場合もある。

1 結果の解釈

まず，結果についてどう解釈できるかの意味づけを図る。その際，先行研究との対応を示しながら説明すると，研究の特徴が浮き彫りになる。例えば「國分（1992）によれば・・・であり，したがって，本研究の結果は育てるカウンセリングの有効性を示していると考えられる」のように，先行研究を引用して結果を解釈してもよい。また，そのメカニズム（機序）に関連する理論があれば，それを引用することで「どうしてこのような結果になったのか」が説明できるので，考察の説得力をいっそう高めることができる。

2 結論

考察を適切に書き終えたら，自然に「結論」がまとまるはずである。仮に本章の冒頭の例であれば，「Q-Uを用いた質問紙調査を行ったところ，小学校高学年において学級崩壊が起こっても，教師が育てるカウンセリングを実践できれば，生徒の学習に対する動機づけが高まり，学級満足度が向上する」のように結論づけられるかもしれない。

この時点であらためて，問題意識，目的（テーマ設定）との対応を確認してみよう。その関係が，「問い」と「答え」の対応になっていれば，論旨が一貫しており，研究論文の完成度は高いと考えられる。なお，結論は「考察」から独立して最後に記載してもかまわない。

3 提言

教育カウンセリングの研究は，実践に役立ってこそ意義がある。したがって，「本研究は実践にどう役立てられるか」について提言を記載することが勧められる。論文の冒頭，「問題意識」の部分で具体的な課題となる現象を取り上げていれば，その対応策として具体的な提言を記載すると読者にもわかりやすい。例えば，「生徒の内発的動機づけを高める教師の育てるカウンセリングには，SGEと対話のある授業が効果的である」のような提言は，机上の知見にとどまらず，読者の教育実践を刺激するはずである。

〔土屋裕睦〕

第3節 文献の書き方

文献の書き方には，一定のルールがある。
論文本文における文献の引用の仕方と，引用文献リストの記載の仕方に分けて，それぞれのルールをみてみよう。

I 本文のなかの文献引用の仕方

まず，基本的には，著作権保護に関する研究倫理をわきまえることである。

1 直接引用

自分の論文中に，他者の論文の特定の文章をそのまま引用する場合がある。そのような場合，その引用した文章部分を「　」にくくって，その直接引用部分を明確に示し，その引用部分の括弧のなかに丸括弧でその著者名と発表年を示すとよい。その際，著者名と発表年の間に半角のカンマと半角スペースを入れる。丸括弧は全角でも半角でも差し支えない。

例えば，…「発見した事実を説明・解釈するのもプラクティショナー・サイエンティストの仕事である（國分, 2006）」…などと。

2 要約引用

自分の論文中に，他者の論文の内容を表現を変えたりまとめたりして引用することがある。例えば，「教育カウンセリングがめざすのは，問題の発生を予防するカウンセリングであり，人間の発達を促進する開発的カウンセリングです（河野, 2006）」を，…河野（2006）は，教育カウンセリングの目標は予防的・開発的カウンセリングであると強調している。…などと。

3 その他

本文中の引用において，共著者が複数である場合，初出のときに第二著者以下を省略するのは適切でない。それら複数の著者ないしは執筆者をすべて記載することが原則である。その論文中，2回目以降の引用の際には，「國分ら, 2005」とか「Kokubu et al. 2005」などと第二著者以下を省略した表記で示すことができる。

II 引用文献（リスト）の書き方

論文末には，「引用文献」として本文中に引用された文献をリストアップするのが習わしである。そのリストアップの仕方には，基本的には共通しているルールがある。

参考文献
國分康孝　2006　プラクティショナー・サイエンティストを目指して　教育カウンセリング研究, 1, 1-5.
河野義章　2006　「教育カウンセリング研究」を育てよう　教育カウンセリング研究, 1, 6-11.

❶ 文献の掲載順

著者名を中心にしてそれをアルファベット順にリストアップする。もし同姓の著者が存在するとき，その名前で，あるいは同一の著者による文献が数点ある場合には，その発表年によってリストの順番が決まる。他方，同一著者による単独の文献と共著による文献が存在するときは，さきに単独での文献をリストアップし，それに続けて共著の文献を並べることになる。もちろん，共著の文献が複数存在するとき，第二著者の名前によってアルファベット順に並べる。

❷ 文献が著書である場合

一般に，「著者名　発表年　書名　出版社名」という順序で表記する。それぞれの間に全角スペースを挟むことになる。また，発表年は，西暦で表示するものとなっている。外国語の著書に関しても基本的には同じで，出版社の所在地（都市名）も示す。原著書の書名はイタリック表記とする。なお，訳本である場合には，先に原著書を上述の順序で示し，その後の（　）の中に（訳者名（訳）　出版年　書名　出版社）として記載する。

例．河村茂雄　2007　データが語る①学校の課題　図書文化社

Bandura, A.　1995　*Self-efficacy in changing societies.*　Cambridge; Cambridge University Press.　（本明寛・野口京子（監訳）　1997　激動社会の中の自己効力　金子書房）

❸ 文献が雑誌論文である場合

一般に，「執筆者名　発表年　論文題目　研究雑誌名，巻，ページ．」の順に記載する。前半の各項目間にはやはり全角スペースが必要である。研究雑誌名以降の表記は，半角でその数字のみが示される。その際，巻数字はゴシック体などの太字で表記する。また，外国語論文である場合，そのジャーナル名をイタリック表記とする。

例．岡田佳子　2002　中学生の心理的ストレス・プロセスに関する研究―二次的反応の生起についての検討―　教育心理学研究，50，193-203．

❹ 文献が編著書の一部を引用した場合

例えば，ある書籍のひとつの章を引用した場合，「その章の執筆者名　発表年　その章の題目　編著者名　書名　出版社名，23-35．」などと，後半にその書籍とその章が掲載されているページを示すことで，その所在を明らかにする。

❺ インターネットからの引用

インターネット上の資料を引用する場合，著者名　年号　資料名　サイト名　アップデート年月日　＜URL＞（アクセスした年月日）となる。

例．文部科学省　2011　生徒指導提要　文部科学省　2010年4月2日（2011年4月修正）
＜http://www.mext.go.jp/b_menu/houdou/22/04/1294538.htm＞（2011年10月17日）

〔松﨑　学〕

参考文献　日本教育カウンセリング学会編集委員会　2010　「教育カウンセリング研究」投稿論文作成の手引き　教育カウンセリング研究，3，86-88．
　　　　　日本心理学会機関誌等編集委員会　2005　日本心理学会執筆・投稿の手びき（2005年改訂版）　日本心理学会

第4節 論文の書き方の上達方法

> 論文の執筆にあたっては，唯我独尊の心境に陥らないこと，客観的に執筆することが大切である。そのために，第三者を活用するとよい。また，他者が執筆した論文をお手本にすると，論文の執筆が円滑にはかどる。

I 見本となるような論文を見つける

　論文を書くにあたって，見本・手本となるような論文をいくつか見つけることが論文上達の近道である。特に，テーマが似通っている論文の形式や論文の論理の展開は参考となる。他者の論文を参考にするということを心理学的な視点から考えると，観察学習（observational learning）あるいはモデリング（modeling）という学習のメカニズムで説明がつく。バンデューラ（Bandura, A.）は社会的学習理論を体系化し，人間の幼児は大人（両親・教師・保育士など）の行動をモデルとして観察するだけで，大人と同じような行動を獲得すること（これを学習と呼ぶ）を実証した。すなわち，手本・見本・モデル刺激の観察を通して学習が成立することを理論化した。バンデューラの提唱した社会的学習理論は，「模倣学習」と呼ばれることがあるが，他者の立派な論文を参考にして自分の論文を書き上げることは，まさに模倣学習といっても過言ではあるまい。

　心理学や教育心理学関係の論文は，その形式がほぼ決まっているので，まず，形式をまねることから始めるとよい。英文アブストラクトの書き方，概要，目的，方法，結果，考察，引用文献など，論文の要素がほぼ確定している。英文アブストラクトでは，用いる文章のパターンが決まってくるので，そのパターンを借用するとよい。例えば，This study was conducted to investigate……。The purpose of this study was to investigate……。概要は短くても，論文の目的・方法・結果・考察が含まれていなければならない。目的においては，先行研究を織り込んで当該論文の目的にいたるプロセスが展開されているので，その論理の展開を参考にすべきである。方法ではデータ処理の仕方が大いに参考となる。さらに，結果の表示方法も参考にするとよい。考察の論旨の展開も大いに参考にすべきである。

　すなわち，先行研究や学術論文は，すでに審査者（査読者）の厳しいチェックを経ているので，モデルとしての価値は高いといえる。

　しかし，ほかの似通った論文を見本・手本にしながら論文を執筆するときに最も注意を払わ

なければならないことは，著作権の侵害に陥りやすいということである。手本・見本とする論文の文章をそのまま引用する場合は，その論文名などを必ず引用文献にリストアップする必要がある。モデリングしてよいのは，論文の形式，論旨の展開の仕方，データの処理方法，結果の表示の仕方などに限定されることを肝に銘じてほしい。くれぐれも剽窃にならないよう注意してほしい。

Ⅱ　その道の先輩に添削指導をお願いする

　われわれは自分のことを客観的にみることがむずかしい存在である。また，自分の作品や著作物も客観的にみることができない。特に論文を執筆しているときは，注意を集中して書いているのでなおさら客観的にみることが困難となる。あまりにも集中して作品・論文を完成させた後には，作品・論文を自画自賛する傾向にある。そのことによって自分が犯した過ちが見えなくなってしまう。また，せっかく一生懸命やったものに対して第三者から批評・批判されることを嫌がる傾向も見られる。このような過ちから脱却するために，論文を書くことに長けている先輩に査読をしてもらうのがよい。第三者は，作品・論文を客観的に見て，誤字脱字も含めて論文の全体のまとまりぐあいをチェックしてくれる。

　著者は大学院生のころ，学会発表の論文に自信がもてず，研究室の先輩や指導教員に目を通してもらってから投稿していた。また，学会の大会時に出る大会発表論文集に載せる論文は，専門家の査読がない。したがって，第三者に目を通してもらわず，間違いに気づかないで投稿してしまうと，間違いがそのまま印刷されてしまうので，「後悔先に立たず」である。

　商業雑誌等に軽い論文を投稿する機会も増えて執筆に慣れてくると，第三者の目を通さず，原稿を投函・送信することになる。そのことによって自信をもって執筆した記事・論文・テキストなどの校正原稿が送られてきて，自分の初歩的なミスを編集者に指摘されたときは，穴があったら入りたいという心境になる。特に，漢字の誤りのときは，その感情が強くなる。商業雑誌に記事を書いたり，テキストを執筆するときは，編集部の校正担当者が入念にチェックしてくれるので安心できる。

　しかし，活字として残る学会の大会発表論文集や「〇〇〇研究」に論文を投稿する際は，学会などで知り合いになった大学教員にお目通しをお願いしたほうが無難であろう。職業柄，論文の執筆に慣れていない小学校・中学校・高等学校の教員やカウンセラーから，論文のチェックを頼まれることがあるが，このような依頼は快く引き受けることにしている。

　最後に，論文の添削指導を受けることで，自分の文章の書き方の特徴，論文の論理の展開の仕方の稚拙さ，自分に不足している能力などがみえてくるようになる。

〔山口正二〕

第5節 論文発表前の自己点検ポイント

論文をより完成度の高いものに仕上げるために，最後に自己チェックを行うことは重要である。そのポイントを，1.倫理的配慮，2.論文の構成，3.文章の書き方，4.図表，5.引用文献としてまとめた。論文チェックリストも参考にしてほしい。

I 倫理的配慮がなされているか

論文の評価において，教育やカウンセリングの実践における倫理や，データを収集した人のプライバシーを無視したものなどは論外である（河村，2004）。松井（2009）は被験者の不利益に関する留意点として，個人情報やプライバシーが漏えいしないこと，被験者を見下すような表現を使用しないこと，人権を損なうような記述を載せないことなどをあげている。もちろん，差別的な用語や表現を用いることも避けるべきである（松井，2009）。

また，その論文が未公刊であることや，使用した尺度の所有者を確認，出典の明記，あるいは購入したうえで利用するなど，研究にはさまざまな配慮が必要である。研究に協力してくれた方々や読者の方々に不快感を与えないよう，十分に注意を払って確認してほしい。

II 論文の構成に足りないものはないか

Findlay（1993）によれば，論文は一般的に，「表題」・「要約」・「問題」・「方法」・「結果」・「考察」・「文献」・「付録」で構成される。ただし「要約」が「考察」の後に来る場合などもあるので，その論文の投稿規定に準じた構成にすべきである。

大枠の構成のほかに，各章において必要事項が漏れなく記載されているかもチェックして，さらに論文を完全なものにしていきたい。杉本（2005）は，論文の構成を13に分けて説明している。これらを表1に示す。

「問題」を書く目的は，①なぜその研究をするのか，②なぜその仮説を取り上げたのかを説明することにある（Findlay, 1993）。先行研究を引用したりなどして，理論的に徐々に読者を導き，その後に自分の研究目的と仮説を具体的に明確に，そして記述していくのである（Findlay, 1993）。

また杉本（2005）によれば，「方法」の記述においては実験の再現可能性が重視される。よって，他の研究者が追試できるよう，理論的・具体的な記載が求められる。なお，研究に質問紙

参考文献
河村茂雄　2004　実践者が行うリサーチの方法　日本教育カウンセラー協会（編）　教育カウンセラー標準テキスト　図書文化
松井豊　2009　心理学論文の書き方—卒業論文や修士論文を書くために　河出書房

を用いた場合は，その質問紙の作成者や発行日，質問項目数および下位尺度，そのテストの心理測定上の性質，採点方法などについて簡単に説明する（Findlay, 1993）。

さらに杉本（2005）は，第Ⅰ実験・第Ⅱ実験のように，研究が2部以上で構成される場合には，方法から考察までをそれぞれに記述する必要があると論じている。そしてその際，考察において総まとめを書くことが求められる（杉本，2005）。

加えて，章や節や項の書き方を統一してレイアウトを美しく仕上げることも大切である。このとき，発表雑誌によって規定がある場合は，それに準じて書かなければならないので注意してほしい。

表1　論文の一般的な構成

表題	
研究の背景，先行研究	
研究の目的	
方法	・枠組み
	・装置・用具
	・手続き
結果	・粗データ
	・整理した表示
考察	・結果の意味
	・先行研究との関係
要約	
注と文献	
謝辞	

（方法〜考察は第Ⅰ実験・第Ⅱ実験がある場合はここを繰り返す）

注：杉本（2005）を参考に筆者が作成

Ⅲ　文章の書き方は論文にふさわしいか

誤字・脱字に注意するのはもちろんであるが，文章の書き方が論文にふさわしいかどうかに配慮することも重要である。河村（2004）は，論文を書く際の最低限のルールを2点あげている。第1に，「論文のマニュアル性を守ること」である。すなわち，他の研究者が同じ手続きで追試して同じ結果が出るような一般性があること，追試できるような記述であること，読者がほしい情報を効率よく探せるように規定を守ることである。そして第2に，「価値観に左右されないこと」をあげ，ある方法から得られたある結果にどのような価値判断を下すかは読者に任される領域であるとしている。松井（2009）も，論文はデータに基づいて論理的に書くのであって，主観的なものあるいは根拠のないものはできるだけ控えるべきであると論じている。

また，論文は「である」調で書き，口語的表現や個人的な記述，あいまいな表現，一般的でない言葉，指示代名詞の使用を控えるなどにも注意しなければならない。例えば松井（2009）は，主語が筆者本人である場合，「私は」と表現せずに「筆者は」や「本研究では」と書くべきであるとしている（表2参照）。日常で使い慣れている表現だからこそ，論文でも用いてしまいがちであるので，発表前の自己チェックで十分確認する必要があるといえよう。

参考文献
Findlay, B. 1993 *How to Write a Psychology Laboratory Report*. Prentice of Australia Pty Ltd.（細江達郎・細越久美子（訳）1996　心理学実験・研究レポートの書き方―学生のための初歩から卒論まで　北大路書房）
杉本敏夫　2005　心理学のためのレポート・卒業論文の書き方　サイエンス社

表2　論文に使用しない表現と使用する表現の例

使用しない表現		使用する表現
「私は」	⇒	「筆者は」，「本研究では」
「1つ」「2つ」	⇒	「第1に」「第2に」
「〜というような点が」	⇒	「〜の点が」
「〜がわかった」「だった」	⇒	「明らかになった」
「〜と思う」	⇒	「〜と考える」

注：松井（2009）を参考に筆者が作成

Ⅳ 図表は見やすいか，図表番号・タイトルは漏れなく記載があるか

　結果を示すために図表を作成したのであれば，最後にあらためてそれらの図表を見直してほしい。結果の標本数や平均値，標準偏差，有意差などの必要な情報がきちんと図表に記載されているだろうか。結果に記載した数値と一致しているだろうか。図表の大きさは情報量に見合っているだろうか。このように図表を点検することは，論文をより見やすくするだけでなく，読者に結果を誤解されるのを防ぐことにもつながるのである。

　また，図表には図表番号とタイトルを必ずつけなければならない。一般的に，図表番号は，算用数字を用いて別個に通し番号でつけ，図題は図の下，表題は表の上につける（Findlay, 1993）。論文にいくつもの図表を挿入する場合には，図表番号に狂いがないか，本文中の図表と対応しているかを最後にしっかりと見直すべきである。

Ⅴ 引用文献は漏れなく，正しく記載されているか

　心理学の論文で文献を引用した場合の表記については，厳格な慣行がある（松井，2009）。Findlay（1993）は以下の5点をあげている。(1) 本文中で間接的に引用した場合は，著書の姓と出版年を記載する。(2) 直接的に引用したのであれば，著者の姓と出版年のほかにページも表記する。(3) 著者が2人の場合は著者の姓を「・」でつなぎ，毎回どちらも表記する。(4) 著者が3人以上の場合は初出ですべての著者名を書き，それ以降は2人目以降を「○○他」と省略できる。(5) 文献を引用する場合は，長文（例：10行以上）を引用したりすることはできるだけ避けるべきである。引用文献の記載については，「教育カウンセリング研究投稿・執筆規定」（2010）が参考になる。

　引用する文献と引用文献リストが合致していることも大事である。どのような場合でも，引用した箇所はその出典を明らかにし，著作権にふれないようにしっかりとチェックしたいものである。論文チェックリスト（表3）を載せたので参考にされたい。

〔山口豊一〕

参考文献
日本教育カウンセリング学会　2010　教育カウンセリング研究投稿・執筆規定　教育カウンセリング研究, 3, 84-85.

表3　論文チェックリスト例

	No.	細目	✓
倫理的配慮	1	研究に，倫理的配慮が必要な手続きや質問項目が含まれる場合，配慮した内容が本文中に記述してある。	
	2	公刊・未公刊にかかわらず，尺度やテストの利用にあたっては，著者の責任において版権の所有者を確認し，論文にそれを明記する，許可を得るなどの必要な対応をとっている。	
	3	市販されているテストについては，購入したうえで利用している。	
	4	この論文は未公刊である。	
	5	この論文は，他の学術誌に同時に投稿していない。	
	6	不適切，あるいは差別的な用語や表現はない。	
方法や結果の記述	1	方法には，必要な情報を十分に記述してある。	
	2	結果の分析法は適切である。	
	3	論の検証に必要な結果が適切に提示されている。	
論文の文章	1	主語が不明な文章や，多義的に解釈できる文章がない。	
	2	冗長な文章や，重複した部分はない。	
	3	パラグラフ同士のつながりは明確である。	
	4	表題や本文中で，句読点は，日本語（横書き）なら「,」や「。」，英語論文なら「,」や「.」で統一している。	
	5	誤字・脱字やスペルミスはない。	
図表	1	むだな図表はない。	
	2	図表で示された内容に重複はない。	
	3	図表のタイトル・番号は適切である。	
文献記載	1	本文中の引用と，引用文献リストはすべて過不足なく対応しており，また，綴りや刊行年が合致している。	
	2	文献は，著者のアルファベット順，次いで刊行年順に並べてある。	
原稿の書式	1	日本語論文は，A4縦置き・横書きで，1ページに既定の文字数×行数になっている。（例）30字×40行	
	2	総文字数（図表等の換算も含め）は，既定の刷り上がりページ数に収まっている。	

注：日本教育心理学会投稿論文チェックリスト（2010）を一部改変して引用
(HYPERLINK "http://wwwsoc.nii.ac.jp/jaep/japanese/pdf/toukoronbun_check_20080401.pdf" http://wwwsoc.nii.ac.jp/jaep/japanese/pdf/toukoronbun_check_20080401.pdf)

第6節 論文の読み方

論文を読む理由は研究活動のためだけではない。教育カウンセリングの実践活動の質を高めるためにも論文を読んで最新知識にふれる必要がある。そこで研究もできる実践家のための効果的で効率的な論文の読み方を考えてみよう。

Ⅰ 何のために研究論文を読むのか

前節までは研究論文の書き方が論じられてきた。しかし，研究論文を書くためにはまず研究論文を読まねばならない。研究論文を読んだことがない人間に研究論文を書くことはできない。これが研究論文を読む理由の1つである。

一方，「研究にもなじみがあることをめざすとはいえ，教育カウンセラーは研究者ではなく実践家である。実践家である私は研究論文を書くつもりはない。ゆえに研究論文を読む必要はない」という読者もいるかもしれない。しかし，実践家であるからこそ研究論文を読む必要がある。それは「人の人生に関与する仕事をしているものは絶えず新知識にふれることがクライエントに対する職業倫理である」（國分，2006）からである。この意味で研究論文は最新知識の宝庫といえる。

Ⅱ 研究論文の様式を知る

ただ，研究論文には独特の様式があってこれをある程度習得していないと読みこなすことができない。まずは本章1～5節を熟読し，独特の様式を理解しよう。公刊されている研究論文は，ここで説明されているような「書き方」に則っている。研究論文の「書き方」として用意された1～5節であるが，これを「読み方」のテキストのつもりで再読してみよう。

研究論文の様式がある程度理解できたら，次は実際に研究論文を読んでみる。基本は多読である。たくさんのモデルにふれることで研究論文の様式を直に学ぶのである。ただし，できるだけ質のよいものを読むこと。研究論文の質は，本書が示すような研究論文が備えるべき条件を備えているかどうかによって判断される。

しかし，研究初心者にはこの質の判断がむずかしい。そこで参考になるのが「査読の有無」である。研究論文のなかには，その領域の専門家から審査を受けて「研究論文としての条件を備えている」と認められて学術誌に掲載された論文と，そのような過程を経ていない論文とが

参考文献　國分康孝　2006　プラクティショナー・サイエンティストを目指して　教育カウンセリング研究，1，1-5．

表1　学会誌例

■日本教育カウンセリング学会の機関誌
　教育カウンセリング研究　研究もできる実践家をめざす教育カウンセラーは必読
■教育カウンセリング研究第1巻・第2巻に掲載された論文で引用されていた学会誌
　カウンセリング研究　日本カウンセリング学会
　教育心理学研究　日本教育心理学会
　学校心理学研究　日本学校心理学会
　学校メンタルヘルス　日本学校メンタルヘルス学会
　特殊教育学研究　日本特殊教育学会
　行動療法研究　日本行動療法学会
　心理臨床学研究　日本心理臨床学会
　健康心理学研究　日本健康心理学会

存在する。前者を「査読有」，後者を「査読無」という。当然ながら査読有のほうが質のよい論文である可能性が高い。学会誌に掲載された論文は通常査読有である。一方，大学や研究機関が発行する紀要や論文集は査読無であることが多い。これらに質のよい論文が掲載されることもあるが，初心のうちは表1のような学会誌に目を通して，できるだけ質のよい論文にふれることをお勧めする。

III　まずは「学会誌」から読み始めて「イモヅル式」に多読を進める

　研究論文を探すときには，インターネットで国立情報学研究所のCiNii（サイニイ）を使えば便利である。例えば，「構成的グループエンカウンター」をキーワードに2009年から2010年の範囲で検索すると22件の論文が見つかる（2010年11月1日現在）。1年の範囲だけでもたくさんの論文が見つかるが，学会誌論文だけに絞ると3件となるので，まずはこれらを取り寄せて読んでみる。

　取り寄せた論文を読むときには内容だけでなく，文中における文献の引用と文末の文献リストを照らし合わせて，その論文で重視されている論文をチェックする。特に多くの論文に共通して何度も引用されている論文は，その領域における重要論文と判断できるので，そうした論文には必ず目を通す。そして，それらの論文で重視されている論文をさらに読む。これを「イモヅル式」という。なお，その領域で重視されている論文ということは一定の質が認められていると考えられるので，そうした論文に関しては学会誌か大学紀要かの区別は気にしなくてよい。

　研究論文を読むという不慣れな作業に最初は苦痛を感じるかもしれない。しかし，自分が関

参考文献
　論文検索のためのデータベース
　国立情報学研究所・CiNii　http://ci.nii.ac.jp/
　各学会のホームページには学会誌の目次や論文要約が掲載されている。

心をもっている領域であれば，その苦痛も多少軽減されるであろう。まずは関心ある領域に絞ってイモヅル式に多読を進めて，研究論文を読むことに慣れよう。多読を進めていると，だんだんと研究論文の質を判断する目も養われてくるものである。

IV 研究論文の内容を批判的に読む

研究論文の質を判断する目を養うには論文を批判的に読む必要がある。批判的に読むとは論文に書かれていることを鵜呑みにしないということである。本書の第3章から第6章にわたる目次をチェックリストとして活用し，そこで論じられている研究論文が備えるべき条件をその論文が満たしているかどうかチェックしながら読んでみよう。

例えば，第3章第2節の「リサーチの手順」の目次を活用すると，「リサーチクエスチョンは明確か？」「先行研究は十分にレビューされているか？」「操作的定義は？」「仮説の設定は？」といったぐあいにチェックできる。さらに第3節「データ収集の方法」，第4節「分析の方法」に照らして「量的分析か質的分析か」を判断する。量的研究であれば第4章「量的研究のリサーチデザイン」に移り，「母集団は？」「サンプルサイズは？」「サンプリングは？」「独立変数と従属変数は？」「統計的処理の方法は？」とチェックしていく（質的研究であれば第5章）。そして，第3章第5節「考察」に戻り，「リサーチ結果の使い道は？」「今後の課題は？」とチェックする。第3章第6節「研究の倫理」のチェックも重要な点だろう。判断に迷うときには，そのチェック項目（目次）のページを開き，そこで指摘されている内容をあらためて確認する。

慣れてくればここで述べたような手間のかかる作業をする必要はない。頭のなかに自分なりのチェックリストが出来上がるころには，研究論文の質を判断する目が相当に養われていると考えてよいだろう。

なお，研究論文を読んでいると，わからない言葉が出てくるかもしれない。辞典・事典類を手元に用意しておくとよい。

V 研究論文の内容を効率的に読み取る

研究論文を読むことにも慣れてきて，その質を判断する目も養われてきたら，学会誌に加えて大学紀要や研究論文集などにも手を伸ばし，さらには関心領域も広げながら情報を収集することに努めよう。ただし，対象が広がった分，今度は効率性が求められる。特に現場の実践家でもある教育カウンセラーはきわめて多忙である。そこで研究論文から効率的に情報を抽出するコツについて次頁に紹介する。なお，これらはあくまで効率性を求めた場合のコツであって，研究論文の本来の読み方とはいえない。初心のうちは労を惜しまずていねいに読むことをお勧めする。

参考文献　教育カウンセリング研究に使える辞典・事典
中島義明他（編）1999　心理学辞典　有斐閣
國分康孝（監）2008　カウンセリング心理学事典　誠信書房

❶ 「問題と目的」の最初（導入）と最後（目的）を読む

　まず「問題と目的」の最初と最後を読む。最初の導入からこの研究が何をめざしているのか，その方向性について大枠をつかむ。そして「問題と目的」の最後を読んで具体的な目的を確認する。「以上から…」「そこで，本研究では…」「本研究の目的は…」「…を目的とする」などといった言葉が目印になる。

❷ 「方法」は「読む」というより「目を通す」

　続いて「方法」にざっと目を通す。効率性を求めるのであれば，次の結果の要約を読み取れる程度に対象者，測度などを把握できれば，手続きの詳細をじっくりと確認する必要はない。

❸ 「考察」の最初（結果の要約）と最後（結論）を読む

　次に「考察」の最初を読む。効率性を求めるのであれば，分析結果の詳細を含めた「結果」をさきに読む必要はない。「考察」の最初にはたいてい結果が要約されているので，図表をながめつつ，何が明らかとなったのかについて大枠をつかむ。続いて「考察」の最後を読む。そこにはたいてい結論として何がいえるのかが書いてある。

❹ 関心を引かれたら「結果」と「方法」の詳細を確認する

　そこで関心を引かれたら，詳細を知りたい部分について「結果」で確認する。さらに関心が深まったら，「方法」に戻ってどのような手続きでこの結果が導かれたのか，方法の詳細を確認する。

❺ ていねいに読む必要があると判断すれば最初から順に読む

　以上のような過程を経たうえで，これはていねいに時間をかけて読む必要があると判断すれば，最初から順に読む。

Ⅵ　仲間と読む

　最後に仲間と読むことをお勧めしておきたい。定期的に研究論文を読む会を立ち上げるのである。数編の論文を用意し，それぞれ担当者を決めてレジュメを作成する。レジュメには論文の要約だけでなく，論文に対するコメントを記述する。担当者はそれをわかりやすく発表する。この作業で論文を読む力は相当に鍛えられるだろう。こうした場があれば，論文を読む習慣もつくだろうし，効率的な情報収集も可能となるだろう。

〔金山元春〕

参考文献　論文の読み方について参考になる図書
浦上昌則・脇田貴文　2008　心理学・社会科学研究のための調査系論文の読み方　東京図書
國分康孝　1993　カウンセリング・リサーチ入門―調査・研究の方法　誠信書房

索　引

14ステップ　121
α係数　15,74,80,103,111
CiNii（サイニイ）　31,139,151
EBP（Evidence-Based Practice）　23
EQS　22
EQ能力　22
GTA　120
Google Scholar　139
G-P分析　103
Idea Card　31
IOFI原理　121
IPA（解釈学的現象学的アプローチ）　118,120
I-T分析　103
KJ法　64,67,79,87,120,129,130
M-GTA（修正版グラウンデッド・セオリー・アプローチ）　87,118,120,126
P-Fスタディ　40
PsycINFOデータベース　139
SGE　11,13,19,21,24,26,28,36,44,46,51,99,122,141
SPSS　85
SQS　8,9
TAE　121,129
t検定　24,25,42,46,49,54,100,112
χ^2（カイ二乗）検定　111,141

あ

アサーショントレーニング　49,50
温め　66
意見や主張の正当性　137
一般論文　136
意味　118
イモヅル式　151,152
因果関係　68
因子分析　111
インターネットからの引用　143
インフォーマント　140
インフォームド・コンセント　77,92,104
引用　93
引用文献　31,67,142,148
引用文献数　31
引用文献リスト　142,148
英文アブストラクトの書き方　144
エビデンス　63
オリジナリティ　30,88

折れ線グラフ　140

か

解釈学的現象学　128
下位尺度　74,83
回答方法　83
介入群　23
介入変数　61
概念　121
会話分析　132
カウンセリングの心を生かした活動　35
学習方略　42
可視化　44
仮説演繹法　70
仮説実験授業　43
仮説設定　64,71
仮説を研究する　59
仮説を見つけだす　59
課題設定　54
課題追究　54
価値観　147
学会誌　136,151,152
カテゴリー　121
観察法　76
関与場面の増加　52
関連研究のレヴュー　64
記述統計的処理　106
基準関連妥当性　74
基本的人権の尊重　92
帰無仮説　110
偽薬効果　63
逆転項目　103
客観性　30,70,86
客観的データ　63
客観的という意味　63
キャリアSGE　20,21
キャリア教育　20,21
教育カウンセラー　150,152
教育カウンセリング研究　58,151
共感性　14
教師カウンセラー　17
教師期待効果　61
教師の行動　12
教示文　82,105

虚偽尺度　75
キーワード　139
具体性　138
グラウンデッド・セオリー・アプローチ　120
グラフ　108
結果　140
結論　141
研究の位置づけ　64
研究の構造と変数　60
研究のテーマ　138
研究の問題意識　138
研究倫理　142
研究論文　31,36,136
研究論文を読む　150
健康相談活動　22
健康に価値を見いだす　44
現象学　119
現象学的還元　119,128
公共性　70
考察　88,141
構成概念　74
構成概念妥当性　74
構成的グループエンカウンター（SGE）　11,28,
　　35,37,38,46,48,49,54,132
構造構成主義　120
校種間連携　14
広汎性発達障害　26
項目　74,102
効率的に読み取る　152
個人感情　146
個人情報保護法　71
子どもの学び　38
断る勇気　50
コミュニケーションスキル（能力）　26,51

さ

再現可能性　146
再検査法　74
サイコエジュケーション　8
最小値　106
最大値　106
査読　90,150
査読有　151
査読無　151
参加観察法　76
参画　52

参加者の変容　22
参考文献　31
サンプル（標本）　96,97
サンプルサイズ（標本の大きさ）　97,152
参与観察（参加観察法）　18,76
シェアリング　20,25,40,53,122,132
シェアリング方式スーパービジョン　22,23
ジェンドリン　119,120,129
自己・他者理解　40,48
自己概念査定法　28
自己受容　28
自己成長に及ぼす効果　46
自己認知　28
自然観察法　76
実験的観察法　76
実験群　19,46,61,92,100
実験法　76
実証研究　137
実証的データ　68
実践的研究　37,69
実践の一般化　89
質的研究（質的分析）　23,77,86,118,120
質的研究法　120,128
質的データ　87
質的変数（qualitative valiable）　65,72
執筆の手引き　136,137
質問項目（項目）　74,82,83,102,103
質問紙　74,80,92,103,147
質問紙法　26,74,78,80
尺度　46,69,74,82,100,102,104
尺度構成　82
修学旅行　52
修正版グラウンデッド・セオリー・アプローチ
　　（M-GTA）　87,118,120,126
従属変数　29,60,62,98,152
主観　119
授業改善　12
授業研究　13
授業づくり　38
出典　148
準備　66
情報カード　31
職業的進路態度　20
調べ学習　42
資料提供者　140
事例研究法　71,120,122

事例検討　22
信頼性　74,80,103,111
心理学的方法　71
心理検査　80
数量的測定　71
図題　148
図表　140,141,148
図表番号とタイトル　148
生活世界　129
生徒参画型グループ・エンカウンター　10
折半法　74,103
切片化　120
ゼロトレランス教育　15
先行研究　30,66,90,93,139,146
先行研究のレビュー　139
全体シェアリング　52,99
選択性緘黙　18
相関関係　68
相関係数　103,114
相関検定　141
総合的な学習の時間　54
操作的定義　69
創造性　31,35,66
ソーシャルスキル　30,38
ソーシャルスキルトレーニング　27,30,49,100
育てるカウンセリング　48
素朴な疑問　64

た
対照群　19,23,92
対人信頼感　14
態度変容　51
対話のある授業　13
確かめ　66
妥当性　74,103
談話分析　132
調査対象者　140
調査協力者　140
調査内容　140
調査の結果　140
調査の時期　140
直接引用　142
直接照合体　121
著作権　148
沈黙　132
追試験（追試）　91,137

提言　141
データ（data）　63,71,72,84,92,93,146
データ収集　78
データベース　31
テストバッテリー　80
添削指導　146
展望　31
統計検定　140
統計ソフト　70
統制群　19,46,61,100
道徳　50
道徳教育　51
道徳的実践　51
独自性　67
特別支援学級　26
独立変数　29,60,62,98,152
度数分布　108

な
内的動機づけ支援行動　42
内容的妥当性　74
ネゴシエーション能力　48
捏造論文　137
年次大会　136

は
パーセンテージ　108
箱庭　18
パス解析　140
発想法（Abduction）　130
発達課題　35
話す, 聞く　38
半構造化面接　10,78,118,120,128
ピグマリオン効果　61
被験者　140
非参加観察法　76
ヒストグラム　108
批判的に読む　152
標準化　80
標準偏差　106
剽窃　145
表題　148
ひらめき　66
フィードバック　13,92
フェルトセンス　121
不登校　16,86,122

不登校児の母親　17
普遍的なパターン　118
プライバシー　92,93,146
プライバシー保護　79
プラセボ効果　63
振り返り　50,54,58
文献　148
文献引用　142
文献引用の仕方　142
文献が雑誌論文である場合　143
文献が著書である場合　143
文献研究　30,37,137
文献検索のデータベース　139
文献の記載順　143
分散分析　10,113,141
文章の書き方　147
平均　106
平均値の検定　20,28
平均値の比較　141
偏差　107
偏差値　74
変数（variable）　60,72,98,100
編著書の一部を引用した場合　143
棒グラフ　140
保護者への支援　16
母集団　80,96,152
本質直感　119

ま

マインドマップ　31
マニュアル性　147
未公刊　146
目線　74
面接法　78
目的　138
目録　74
問題　146
問題意識　58,64,68,76,136,138
問題意識の明確化　64

や・わ・ら

野外科学　130
有意水準　110
勇気ある行動　50
夢の実る木　44
要約引用　142

ランダム化比較試験（Randomized Controllede Trial）　23
リーダーシップ　11,126
リーダー集団　52
リサーチデザイン　96
リサーチの方向性　30
リソース　16,17
リソースの活用　17
量的分析　84,96
量的変数（quantitative variable）　65,73
理論構築　129
臨床的妥当性　80
論文上達の近道　144
倫理　92
倫理的配慮　146
論文チェックリスト　149
論文と随筆などとの違い　136
論文に使用しない表現　148
論文の構成　146
論理実証主義　71
論理性　138
ワンウェイミラー　77

157

執筆者一覧

■日本教育カウンセリング学会

日本教育カウンセリング学会は，理論研究志向のアカデミックな学会に対して，問題解決志向の研究を行うプロフェッショナルな学会である。教育現場の問題を解決するために，教育実践者(教育カウンセラー)が互いに研究方法や研究成果を共有し合う。「実践者だからこそできる研究」を推進していく，Practitioner-Scientist（研究の素養もある実践者）の集団である。

〒112-0012 東京都文京区大塚 1-4-15 NPO 日本教育カウンセラー協会内
TEL・FAX 03-3941-0213　http://jsec.gr.jp/　jsec.jimu@gmail.com

■監修者

國分康孝	東京成徳大学名誉教授

■編集者

会沢信彦	文教大学教授
新井邦二郎	東京成徳大学大学院教授
池場　望	全国中学校進路指導研究協議会顧問
岡田　弘	東京聖栄大学教授
片野智治	跡見学園女子大学教授
冨田久枝	千葉大学教授

■編集企画者

河村茂雄	早稲田大学教育・総合科学学術院教授
岸　俊彦	湯島心理研究所所長
國分久子	青森明の星短期大学客員教授
中村道子	全国養護教諭連絡協議会顧問
諸富祥彦	明治大学教授

■編集協力者

明里康弘	千葉市立川戸中学校校長
鹿嶋真弓	逗子市教育委員会教育研究所所長
加勇田修士	東京成徳大学非常勤講師
河野義章	東京学芸大学名誉教授
品田笑子	都留文科大学地域交流研究センター特任教授
鈴木由美	聖徳大学准教授
長谷川美和子	愛媛県教育カウンセラー協会前代表
松﨑　学	山形大学地域教育文化学部附属教職研究総合センター教授
水上和夫	富山県教育カウンセラー協会代表
吉田隆江	武南高等学校教諭教育相談主事

■執筆者

会沢信彦	文教大学教授	第3章　第6節
明里康弘	千葉市立川戸中学校校長	第1章　トピック2
阿部明美	小山市立小山城南中学校教諭	第2章　教科6
阿部千春	函館大谷短期大学専任講師	第2章　教科6
新井邦二郎	東京成徳大学大学院教授	第3章　第1節，第6章　第1節
池場　望	全国中学校進路指導研究協議会顧問	第2章　総論，教科5
石井ちかり	小田原市立酒匂中学校教諭	第1章　トピック2
石黒康夫	世田谷区立千歳中学校校長	第1章　トピック3
市村彰英	埼玉県立大学教授	第1章　トピック9
稲垣応顕	上越教育大学大学院学校教育科准教授	第5章　第2節Ⅳ
梅田多津子	中野区立中野中学校教諭	第2章　領域1
大友秀人	北海商科大学教授	第1章　トピック5
岡田　弘	東京聖栄大学教授	第4章　第2節
小野寺正己	早稲田大教育・総合科学学術院講師	第3章　第5節

鹿嶋真弓	逗子市教育委員会教育研究所所長	第2章　教科3
粕谷貴志	奈良教育大学大学院准教授	第4章　第3節
片野智治	跡見学園女子大学教授	第1章　トピック11,第2章　教科2
門田美惠子	元鎌倉女子大学教授	第1章　トピック8
金山元春	高知大学准教授	第6章　第6節
加勇田修士	東京成徳大学非常勤講師	第2章　教科3
苅間澤勇人	岩手県立盛岡農業高等学校教諭教育相談主任	第3章　第3節Ⅲ
川俣理恵	都留文科大学地域交流研究センター地域教育相談室相談員	第3章　第3節Ⅴ
河村茂雄	早稲田大学教育・総合科学学術院教授	第3章　第3節Ⅰ
岸　俊彦	湯島心理研究所所長	第1章　トピック3
久保田美穂	埼玉大学教育学部附属小学校養護教諭	第2章　教科4
河野義章	昭和女子大学大学院特命教授	第1章　トピック12,第2章　領域1
國分久子	青森明の星短期大学客員教授	第1章　トピック11,第5章　第2節Ⅰ
齋藤美由紀	広島県竹原市立竹原中学校校長	第1章　トピック4
榊原康夫	前福島県養護教育センター指導主事	第2章　教科1
品田笑子	都留文科大学地域交流研究センター特任教授	第3章　第3節Ⅱ
住沢佳子	立正大学カウンセラー	第1章　トピック5
曽山和彦	名城大学大学院准教授	第1章　トピック10
髙橋浩二	横浜市立希望が丘中学校教諭	第2章　領域2
土屋裕睦	大阪体育大学大学院教授	第6章　第2節
冨田久枝	千葉大学教授	第1章　トピック6,第4章　第1節
中村道子	全国養護教諭連絡協議会顧問	第5章　第2節Ⅰ
南部泰啓	福井県藤島高等学校教諭	第2章　教科2
根田真江	岩手県住田町立有住中学校校長	第2章　領域3
橋本　登	さいたま市立本太中学校教諭	第1章　トピック7
林　伸一	山口大学教授	第5章　第2節Ⅴ
伴野直美	四日市市立羽津中学校教諭	第2章　教科5
廣川博之	さいたま市立岩槻中学校教諭	第1章　トピック10
藤川　章	杉並区立天沼中学校校長	第1章　トピック1
藤村一夫	岩手県山田町立織笠小学校副校長	第3章　第3節Ⅳ
藤原和政	都留文科大学地域交流研究センター地域教育相談室相談員	第3章　第3節Ⅵ
松尾直博	東京学芸大学准教授	第3章　第4節
松﨑　学	山形大学地域教育文化学部附属教職研究総合センター教授	第3章　第2節,第6章　第3節
松舘千枝	元浦和医師会看護専門学校教員	第1章　トピック9
水上和夫	富山県教育カウンセラー協会代表	第2章　領域3
水野邦夫	帝塚山大学教授	第1章　トピック12
武蔵由佳	盛岡大学准教授	第4章　第4節
村木久美江	国士舘大学非常勤講師	第2章　教科4
村里忠之	早稲田大学非常勤講師	第5章　第2節Ⅲ
森沢　勇	児童養護施設富山市立愛育園常勤嘱託児童指導員	第2章　領域2
諸富祥彦	明治大学教授	第5章　第1節
八並光俊	東京理科大学大学院教授	第1章　トピック4
山口正二	東京電機大学大学院教授	第6章　第4節
山口豊一	跡見学園女子大学教授	第6章　第5節
吉澤克彦	新発田市立川東中学校校長	第1章　トピック1
吉澤孝子	新潟市立上山中学校教諭	第2章　教科1
吉田隆江	武南高等学校教育相談主事	第1章　トピック7
吉田博子	京都華頂大学教授	第1章　トピック6
吉田ゆかり	札幌市立屯田北中学校養護教諭	第1章　トピック8
吉満麻衣子	児童養護施設東京育成園心理士	第5章　第2節Ⅱ

※五十音順。平成24年4月現在。

教育実践者のための調査研究入門

2012年 6月20日　初版第1刷発行［検印省略］

編 著 者　日本教育カウンセリング学会Ⓒ
発 行 者　村主典英
発 行 所　株式会社 図書文化社
　　　　　〒112-0012　東京都文京区大塚1-4-15
　　　　　TEL. 03-3943-2511　FAX. 03-3943-2519
　　　　　振替　東京00160-7-67697
　　　　　http://www.toshobunka.co.jp/
組版装幀　株式会社 さくら工芸社
印刷所・製本所　株式会社 厚徳社

Ⓡ 本書の全部または一部を無断で複写複製（コピー）することは，著作権法上での例外を除き，禁じられています。本書からの複写を希望の場合は日本複写権センター（03-3401-2382）にご連絡ください。
ISBN978-4-8100-2611-5　C3037
乱丁・落丁本の場合はお取り替えいたします。
定価はカバーに表示してあります。